미국 유학
100문
100답

미국 유학 100문 100답

손재호, 김정아 공저

전문 컨설턴트가 말하는
**미국 대학 가기
프로젝트**

추천사

세 명의 자녀를
미국 유학 보냈던 학부모로서
미국 유학의 멋진 가이드북을
추천하며

• 2009년 윌리엄 매덕스와 애덤 갈린스키는 〈성격 및 사회 심리학지(Journal of Personality and Social Psychology)〉 5월호에 실린 논문에서 미국 대학생 150명과 유학생 55명 등 205명을 대상으로 실험한 결과, 유학생이 훨씬 창의성이 뛰어난 것으로 드러났다고 발표했다.

• "성을 쌓는 자 망하고, 길을 뚫는 자 흥한다"라는 말은 몽골 수도 울란바타르 근교에 돌궐제국을 부흥시킨 명장 톤유쿠크의 비문의 글귀다. 유목민 사회와 정주형 사회의 충돌에서는 항상 유목민 사회가 승리했다. 특히 급격한 기후의 변화나 기술의 발전이 있을 때는 신속하게 이동하는 민족이 변화를 거부하고, 성을 쌓고, 도시를 건설한 나라를 패퇴시켰다.

• 로마, 몽골, 영국, 미국 등 세계를 호령했던 대제국들의 공통점이 여러 개 있겠지만, 그중 가장 중요한 것은 그들이 다양한 민족들의 강점을 융합했다는 것이다. 도로를 만들고, 신속한 파발망을 구성하고, 선박, 항공, 인터넷으로 세계 민족을 결합하고 흩어진 지식을 결합했다.

인터넷으로 전 세계가 엮이고, 교통수단의 발달로 전 세계를 쉽게 오가는 시대, 바야흐로 유목민 시대가 되었다. 다양한 민족의 지혜를 접하고, 다양한 국가를 대상으로 대담한 구상을 하는 젊은이들에 의해 세계의 경제 지도는 급격하게 바뀌고 있다.

선행학습과 사교육으로 창의성과 공부에 대한 열정을 앗아가는 나라, 교육현장에 활발한 토론과 질문이 사라진 나라, 우수한 인재들이 의학계열과 공무원 시험으로 몰려가는 나라, 도전적인 혁신보다 안정적인 직장만을 찾는 나라가 우리의 현주소다. 이러한 대한민국의 교육으로 구글, 애플, 아마존, 페이스북, 테슬라, 그리고 알리바바, 텐센트, 바이두 같은 세계적인 혁신적 기업을 만들기는 쉽지 않다. 수학과 과학 공부에 그렇게 많은 시간을 보냈지만, 한국인이 과학 분야에서 노벨상을 받는 것은 아직 요원해 보인다.

_ 유학 분야 최고 전문가의 도움으로 미래를 개척하라!

　세계는 넓고, 배우고, 도전할 것은 많다. 안전하고, 포근한 부모의 품을 떠나 세계를 향해 도전하는 젊은이들이 어느 때보다 절실히 요구되는 시대다.

　집을 떠나려 하니 미래에 닥칠 일에 대한 두려움이 생기고, 긴장도 된다. 그러나 전 세계 어디나 인터넷으로 연결되어 있는 오늘날에는 스마트폰을 열고, 컴퓨터만 켜면 각종 노하우들이 쏟아진다. 가족, 친지와 통화도, 메시지 교환도 얼마든지 가능하다.

　그래도 내 손 안에 잘 정리된 가이드북이 있으면 더 든든할 것 같다. 정보의 홍수 속에 검증되고, 최신 정보로 가득한 가이드북이면 더욱 좋을 것이다.

　이제 유학 분야의 최고 전문가인 손재호 대표, 김정아 선생님이 멋진 작업을 했다. 다양한 형편에 있는 학생들의 유학 과정을 도우며 확인하고 체계가 잡힌 지식과 지혜를 모아, 새로운 도전을 꿈꾸는 젊은이들, 그리고 자녀들의 도전을 응원하는 부모님들을 위한 좋은 가이드북을 만들었다. 자녀를 세 명이나 유학 보냈던 내가 읽어도 새롭고, 유용한 정보를 알뜰하게도 모았다.

　손재호 대표와 김정아 선생님께 하나 더 주문한다면 이 책에 담긴 내용들이 지속적으로 갱신되고 보완되어, 매년 새로운 증보판이 발간

되었으면 하는 것이다. 그리고 이 책을 읽는 학생들과 부모님들도 새롭게 발견하거나, 깨달은 정보를 애임하이와 공유하여 장차 후배들에게 도움이 될 수 있도록 했으면 좋겠다.

『미국 유학 100문 100답』으로 쉽게 용기 내지 못했던 젊은이들이 과감히 세계를 향한 도전의 길을 떠나고, 장차 다양한 분야에서 탁월한 성공을 거두게 되기를 바란다. 그리고 여러분 개개인의 성공이 미래 대한민국의 경쟁력에 크게 기여할 수 있기를 응원한다.

2017년 12월
황영헌(서울대 산업공학 박사,
현재 계명대학교 글로벌 창업대학원 겸임교수)

세계 최고가 되고 싶다면
미국 대학으로 가자!

〈유에스뉴스앤드월드리포트(US News & World Report)〉에서 발표한 2018년 글로벌 대학 평가 순위에서 1, 2, 3위를 모두 미국 대학이 차지했다(1위 하버드, 2위 MIT, 3위 스탠포드). 또한 1위에서 10위까지 미국 대학이 8개를 휩쓸었다. 안타까운 일이지만, 우리나라 최고 서울대의 세계 순위는 123위에 머물렀다.

왜 미국 대학이 이렇게 강세를 띠는 걸까?

여러 요인이 있겠지만, 한마디로 하자면 '쏠림 현상'이라 할 수 있다.

학교가 좋고, 교수진이 좋으니까 인재들이 모여든다. 미국 고교만이 아니라, 전 세계 고교 졸업자들이 모여든다. 전 세계의 인재들이 모여드니 학교는 더욱 더 발전한다.

그 결과 하버드, 예일, 프린스턴, 스탠퍼드, MIT 같은 미국의 대학들이 세계 1위 대학의 지위를 두고 집안싸움을 하는 모양이 되었다. 컴퓨터공학, 인공지능, 우주공학 등 첨단 분야로 갈수록 미국과 다른 나라와의 격차는 점점 더 벌어지고 있다.

좁은 한반도 안에서 서로 부대끼며 경쟁하지 말고, 미국 대학으로 가는 것은 어떨까? 전 세계에서 오는 인재들과 경쟁하면서 나를 향상시킬 수 있다. 인맥, 학맥도 다양하게 된다. 졸업 후에는 세계 전체로 나의 인적 네트워크를 형성할 수 있다. 실리콘밸리도 중관촌밸리(중국)도, 시부야 비트밸리(일본)도 나의 무대가 될 수 있다.

_ 다시 도전하고 싶다면 미국 대학으로 가자!

중·고교 때 미국 유학을 간 경우라면 미국 대학 진학은 당연한 수순일 수 있다. 하지만 한국에서 고등학교를 다녔더라도, 미국 대학은 절대 남의 그림이 아니다.

수능이 끝나면 재수를 할까, 아니면 유학을 떠날까? 고민하는 학생들이 많다. 그 고민 끝에 유학으로 진로를 잡았다면, 그 답은 당연히 미국 유학이다.

미국은 학비가 비쌀 거라고, 아니면 입국이 까다로울 거라고 주저하지 말기 바란다. 알고 보면 미국 대하 중에도 학비가 저렴하면서 좋은 대학이 많다. 커뮤니티 칼리지(Community College)는 연간 학비가

1,000만 원 내외로 저렴하다. 외국 학생(International Student)이라도 장학금을 신청할 수 있는 경우도 많다. 국내 대학보다 약간 더 드는 정도의 예산으로도 미국 대학 진학이 가능하다.

영어가 안 된다고 미리 겁먹을 필요도 없다. 조건부 입학, 패스웨이(Pathway) 등 다양한 경로를 통해서 미국 대학의 문은 열려 있다.

'인생역전'이란 말이 있다. 시작은 미약하나, 끝은 창대할 수 있다.

한국은 어느 대학을 들어갔느냐를 중요시 한다. 삼류대학을 다니다가 일류대학을 편입해서 졸업해도, 삼류대학으로 시작했다는 꼬리표가 따라 다닌다.

미국은 그렇지 않다. 미국은 입학보다 졸업을 가치 있게 본다. 커뮤니티칼리지, 조건부 입학, 패스웨이(Pathway)……, 어떤 형태로 시작하더라도 편입의 길이 다양하다. 오바마 대통령이 좋은 예다. 오바마는 낯선 이름의 대학에서 시작해서 하버드 법대 대학원을 마쳤다. 그러나 아무도 그를 낯선 대학 입학생으로 기억하지 않는다. 우리는 그를 하버드 졸업생으로 기억한다.

이 책은 미국 대학 유학에 관한 모든 궁금증을 담고자 했다. 저자들의 미천한 지식으로 다 담아 내지 못한 내용도 많을 것이다. 하지만 '교육이 백년대계'라는 믿음으로, 우리 학생들에게, 우리 학부모들에게 최대한 유익하고 좋은 정보를 담기 위해 여름 내내 땀 흘렸다.

**꿈을 꾸는 한국의 젊은이들에게
더 높은 지향점을 제공하게 되기 바란다!
Dream high, Aim High!**

다양한 질문을 제공해준 애임하이교육 학생 및 부모님들, 자료 준비에 함께 힘써준 애임하이교육 대학컨설팅 팀원(김기범 컨설턴트, 김아지 컨설턴트), 그리고 멀리 일본에서 도와준 이영 컨설턴트에게도 감사의 말을 전한다.

2017년 12월
강남 애임하이교육 사무실에서
손재호, 김정아

Contents

추천사 004
세 명의 자녀를 미국 유학 보냈던 학부모로서
미국 유학의 멋진 가이드북을 추천하며

머리말 008
세계 최고가 되고 싶다면 미국 대학으로 가자!

Part 1 미국 대학 신입학 017
Part 2 장학금 및 재정 보조(Financial Aid) 119
Part 3 미국 대학 편입학 145
Part 4 미국 대학 컨설팅 195
Part 5 입학 이후 225
Part 6 패스웨이(Pathway) 및 조건부 입학 285

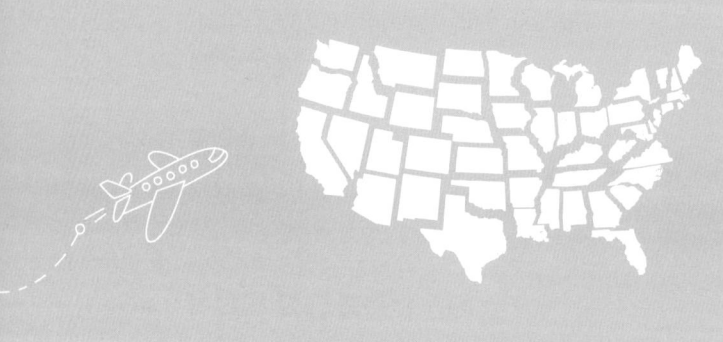

미국 대학 신입학

Question 001

유학을 생각 중인데
미국의 대학 학제는 어떻게 되어 있나요?
우리 한국과 비슷한가요?

Answer 001

　일반적인 대학 학제의 운영은 미국과 한국이 비슷합니다. 학사 학위(Bachelor's degree) 취득까지는 일반적으로 4년의 시간이 걸리고 한국의 전문대학처럼 준학사(Associate Degree) 학위를 수여하는 커뮤니티 칼리지(Community College)의 경우는 2년이 소요됩니다.

　한 학년은 보통 2학기(2semester)로 운영되지만 학교에 따라 3, 4학기제로 운영하는 곳도 있으며, 한국이 대부분 3월 입학이라면 미국은 대부분 9월 입학입니다. 단 미국은 1월, 즉 한국으로 따지면 2학기라 할 수 있는 1월에도 입학이 가능한 대학들이 많습니다.

　초-중-고 12년 과정부터 대학까지를 표로 보면 다음과 같습니다.

	초·중·고	전문 학사	학사	석사
한국	6-3-3	전문대 2년	일반 대학 4년	2년
미국	8-4 / 6-3-3 등 다양하지만 12년 과정	Associate Degree 2 years	Bachelor's Degree 4 years	Master's Degree Vary (대부분 2년)

미국 대학은 학사학위 취득을 위해 대부분 120 학점 이수를 조건으로 들고 있습니다. 그리고 많은 학교들이 일정 성적 이상의 GPA를 얻어야만 졸업을 허락합니다. 그래서 미국 대학은 대부분 8학기 동안 매 학기 15학점씩 성공적으로 이수하면 학사 학위를 수여하고 있습니다.

한국의 초·중·고 학제가 미국처럼 12년제이므로, 특별한 문제가 없으면 한국 고교를 졸업하면 미국 대학 지원이 가능합니다(영국 또는 영 연방 국가로 유학 간다면 A-Level을 이수해야 합니다. 영국, 호주, 뉴질랜드 등 영 연방 국가의 경우에는 초-중-고 과정이 6-5-2의 13년 과정이기 때문에, 한국 고교를 마치면 13학년에 해당하는 A-Level을 거쳐야 대학(학사) 진학이 가능합니다. 영연방 대학 과정은 일반적으로 3년입니다).

단, 한국 학생이 미국 대학에 지원하고자 한다면 영어 실력을 검증하기 위해서 TOEFL 등의 공인 영어 성적 제출을 요구하거나 해당 학교에서 시행하는 어학연수 과정을 거쳐야 지원이 허용될 수도 있습니다.

Question 002

저는 미국 고등학교 12학년인데 늦게 유학을 갔습니다. 근데 학교에서 수학 학점(credit)이 모자라서 이번에 졸업하기 힘들다고 합니다. 어떻게 해야 할까요?

Answer 002

미국 고교는 반드시 이수해야 하는 필수과목이 있고, 그 필수과목을 학년별로 또는 학년 상관없이 이수해야만 하는 총 학점(credits)이 있습니다. 다음의 필수과목과 과목별 학점표를 참고 바랍니다.

- 영어: English 9학년, 10학년, 11학년, 12학년 과정(혹은 ESL)-4 credits.
- 수학: Algebra1, 2, Geometry-3 credits and beyond(Caculus, Statistics etc.).

- 사회: World History, US History, Economic, US Government-3-4 credits.
- 과학: Chemistry, Biology, Physical Science, Earth Science-3-4 credits.

각각의 필수과목에 대하여 필요한 학점을 다 이수하지 않으면 졸업을 할 수 없습니다.

그런데 한국 고교에서 공부하다가 미국 고교로 유학을 간 경우, 간혹 문과 학생이라서 수학 필수 학점을 못 맞추거나 학교 카운슬러와의 소통 문제로 졸업 필수 학점을 못 들은 학생들이 있습니다.

미국 고등학교는 수강 신청을 할 때 졸업에 필요한 학점을 카운슬러 선생님이 알려 줍니다. 예를 들어, "우리 학교는 US Government 수업을 이수해야 졸업할 수 있어~!"라고 했는데, 이런 과목은 대부분 한국에서 안 듣고 왔을 가능성이 높습니다. 또한, 한국의 국사나 정치, 경제로 대체가 불가능합니다. 하지만 학교에서 제공하거나 인정하는 온라인 교과목 수업을 통해 이수가 가능할 수 있으므로, 학교와 논의를 해보는 것이 좋습니다.

만약 수학 학점이 부족하다면 스탠포드 대학에서 운영하는 온라인 하이스쿨이나 K12, 혹은 칸 아카데미(Khan Academy) 등을 통해 온라인으로 해당 수학 과정을 듣고, 인정받을 수도 있습니다. 단, 학교에서 외부 수강 과목에 대한 인정을 해주는지 꼭 확인해 두어야 합니다.

그리고 미국 대학교 중에는 대학 교양과정 중에 고교 학점을 완수하는 과정(High School Diploma or Equivalency)을 두고 학생들을 선발하는 경우도 있습니다. 이 과정을 통해 고교 졸업을 안 했거나, 졸업 필수학점을 이수하지 못한 학생도 대학 진학의 기회를 가질 수 있습니다. 또는 고교 2학년(11학년)까지 마치고 일찌감치 대학 과정을 시작할 수도 있습니다. 미국 대학의 문호가 넓다는 것을 의미합니다. 반면, 명문 대학들 중에서는 고등학교 재학 시절 영어 4 credits, 수학 4 credits, 과학 3 credits, 제2외국어 2 credits, 사회 3 credits을 다 이수할 것을 요구하는 경우도 있습니다.

EA(Early Action)와 ED(Early Decision)의 차이점은 뭔가요? 많은 학생들이 EA와 ED를 준비하는데, EA와 ED의 필수 정보를 알고 싶어요.

EA는 Early Action의 줄임말이고, ED는 Early Decision의 줄임말입니다.

Early Action(EA)

EA부터 설명을 해드릴게요. Early Action은 말 그대로 미리 행동을 취하는 것입니다. 즉, 조기 지원이라는 말인데요, 이렇게 EA로 입학 지원을 할 경우 정시에 비해 합격률이 높습니다. 그런데 Early Action을 준비할 때 알아야 할 점이 있습니다.

Early Action은 모든 대학이 시행하는 것이 아닙니다. 그리고 Early

Action은 합격한 경우, 즉 학교에서 입학 허가를 받아도, 이 학교에 군이 입학 하지 않아도 됩니다. 이런 상황을 "Binding이 없다(Non-Binding)"라고 말합니다. 구속력이 없다는 뜻입니다. 입학이 허가되더라도 의무적인 대학 마감일(5월 1일)까지 대학에 등록할 의무가 없습니다.

EA는 보통 학생들이 7월에서 8월에 지원을 시작하고, 11월 1일에 거의 모든 학교가 마감합니다. 학교마다 다르지만, 결과는 12월 중순경에 결정됩니다. Early Action을 다루는 모든 대학교는 일반적으로 학생들이 다른 EA를 받아주는 학교에 지원할 수 있습니다. 다시 말해, EA 지원자는 EA를 허용하는 여러 개의 대학에 동시 지원을 할 수 있습니다.

Early Action 중에 Restrictive Early Action 혹은 Single Choice Early Action이라는 방법도 있습니다. 쉽게 말해서, 조기전형 대학교를 지원하는데 오직 한 학교에만 원서를 넣는 것이라고 보면 됩니다. 하버드(Harvard), 프린스턴(Princeton), 스탠포드(Stanford), 예일(Yale), 보스턴 칼리지(Boston College), 조지타운 대학(Georgetown University) 등이 Single Choice Early Action(SCEA) 제도를 채택하고 있습니다.

싱글초이스 액션은 11월 1일에 원서를 마감하고, 12월 중순에 합격 통지를 받을 수 있습니다. 싱글초이스의 장점은 Non-binding이기 때문에 지원한 대학의 합격 통지를 받아도 다른 대학교에 지원할 수 있습니다. Single Choice Early Action을 시도하는 학생들은 대체로 명문대에 원서를 넣습니다. 그 이유는 정시 지원(Regular Admission)보다 합격률이 약 두 배 더 높기 때문입니다. 또한 대학교에 합격한다면 12월부터 마음이 안정되어 남은 학기를 잘 마무리할 수 있다는 점, 그리고 Early Action처럼 5월 1일까지만 입학 여부를 결정하면 되니까, 정시 지원으로 다른 학교에 원서를 넣고 여유 있게 기다릴 수 있다는 점입니다. 한 가지 우려가 되는 부분은 합격에 실패하면 좌절감으로 다른 학교에 원서를 넣을 용기가 위축될 수도 있다는 점입니다.

_ Early Decision(ED)

Early Decision(ED)은 미리 결정을 짓는다는 표현인데요, 구속력이 있는 신청 방법입니다. 즉, 학교에서 입학 허가가 나면 무조건 이 학교에 입학을 해야 된다는 뜻입니다. 합격생은 정시 지원으로 다른 학교에 지원할 수 없습니다. 그래서 보통 Early Decision은 학생들이 가고 싶은 학교 한 군데를 골라서 그 학교를 다짓으로 놓고 진행할 때가 많습니다.

Early Decision은 ED 1과 ED 2로 나누어지는데, ED 1 신청 학생들은 11월 1일까지 신청을 한 후 12월 중순까지 입학 허가를 결정 받습니다. ED 2는 보통 1월 1일(1월 15일까지)에 마감됩니다. ED 1에서 만족스러운 결과를 못 얻은 학생들은 ED 2를 진행하는 학교에 신청할 수 있습니다. 예를 들어, ED 1로 진행했던 학교에서 거부를 당하거나 조금 더 여유를 가지고 자신이 두 번째로 선호하는 학교로 입학 신청을 하여 합격률을 높일 수 있습니다. ED 2 지원자는 공인시험 점수를 향상시키고, 가고 싶은 대학교를 고를 수 있는 시간이 있습니다. ED 2를 신청하는 학생들은 또한 12학년 1학기까지 얻은 모든 우수한 성적을 제출할 수 있지만, ED 1 지원자는 보통 11학년까지의 학업 성적을 기준으로 평가됩니다.

Early Action School	Early Decision 1, 2 School
미시건 대학교 (University of Michigan-Ann Arbor)	뉴욕 대학교 (New York University)
시카고 대학교 (University of Chicago ED 1,2 포함)	보스턴 대학교 (Boston University)
조지타운 대학교 (Georgetown University)	에모리 대학교 (Emory University)

보스턴 칼리지 (Boston College)	코넬 대학교 (Cornell University)
일리노이주립대학교 어바나 샴페인 (University of Illinois-Urbana Champaign)	컬럼비아 대학교 (Columbia University)
시카고예술 대학교 (SAIC, School of Art Institute of Chicago)	듀크 대학교 (Duke University)
매사추세츠 공과 대학교 (MIT, Massachusetts Institute of Technology)	펜실베니아 대학교 (UPenn, University of Pennsylvania)
조지아 공대 (Georgia Institute of Technology)	카네기 멜론 대학교 (CMU, Carnegie Mellon University)
럿거스 대학교 (Rutgers University)	브라운 대학교 (Brown University)

출처 : blog.prescholar.com(2016년 기준).

제 아이가 지금 미국 고등학교에서 10학년입니다. 빨리 대학교를 위한 공인시험을 준비하고 싶은데, SAT와 ACT 중에 어떤 시험을 봐야 하나요?

아주 중요한 질문입니다. 지금 자녀가 10학년이라면 한국에서 고 1학년에 해당됩니다. 일반적으로는 11학년 때 SAT나 ACT를 보는 편이지만, 빨리 준비할수록 더 좋은 결과를 얻을 수 있습니다.

SAT와 ACT는 한국으로 비교하자면 수학능력시험입니다. 고등학생들에겐 정말 중요한 시험이란 거죠. 그러나 한국의 수능시험과 달리 미국의 SAT와 ACT 시험은 여러 번 볼 수 있다는 장점이 있습니다. 단 한 번의 시험으로 평가하는 것은 정말 불합리한 방법이죠. 다행히 미국의 공인시험은 그런 불합리함이 없답니다. 그럼 SAT와 ACT를 비교하고, 어떤 시험이 자녀분에게 맞는지 한번 보시죠.

_ SAT는 어떤 시험일까?

SAT는 Scholastic Assessment Test의 약자이며, 미국 학부 진학 희망자들을 대상으로 하는 대입평가고사입니다. 미국 대학위원회(The College Board)와 ETS(Educational Testing Service)가 공동 주관합니다. 2016년부터 NEW SAT라는 새로운 SAT 시험이 나오면서 조금 변화가 생겼습니다. 이전 SAT(OLD SAT)는 총 2,400 만점이지만, NEW SAT는 1,600 만점에 Essay(논문) 부분이 optional로 바뀌었습니다. 이 분야에서는 비판적 읽기(Critical Reading)와 수학(Mathematics)으로 나누어지는데, 두 가지 시험 모두 800점 만점입니다.

critical reading과 writing에서는 학생들에게 상황에 맞는 단어, 증거 명령, 아이디어 표현, 표준 영어 규칙 등 보통 영어보다 더 깊은 추리력을 시험하며 Mathematics 같은 경우에는 계산기 사용 가능한 부분과 계산기를 사용할 수 없는 부분의 두 파트로 나뉘어져 있는데, 보통 우리나라 수학 기준 고1 수준까지입니다. 미국 수학으로는 대수학 1(Algebra 1)부터 대수학 2(Algebra 2) 그리고 기하학(Geometry) 정도 레벨입니다. SAT 수학을 준비하실 때 기본적인 수학과 유리식과 삼각함수 정도까지 준비하면 됩니다.

Essay를 제외하면 merit가 떨어지냐고요? 그건 아닙니다. 하지만 논문 쓰는 걸 선호하는 학생이라면 망설임 없이 선택하세요! 상위권과 최상위권 미국대학교에서 Essay 점수를 요구할 수 있다는 점도 알아두세요. 시험 시간이 총 3시간인데 에세이를 고르면 50분이 추가됩니다.

> **SAT 에세이를 요구하는 대표적인 대학교**
>
> 듀크 대학교(Duke University), 에모리 대학교(Emory University), 하버드 대학교(Harvard University), 프린스턴 대학교(Princeton University), 스탠포드 대학교(Stanford University) UC 계열(University of California System), 미시건 대학교(University of Michigan) 예일 대학교(Yale University)

_ ACT는 어떤 시험일까?

ACT 는 American College Testing의 약자이며, 미국 대학 입학 전형에서 SAT와 같은 미국의 수능 중 하나로 아이오와(Iowa) 주의 Iowa City에 위치한 ACT Inc.에서 관할 운영하고 있습니다. 예전에는 중서부 및 남부의 많은 대학들이 ACT를 요구했고, SAT는 전국의 대학들이 일반적으로 요구하는 편이었습니다. 하지만 최근 들어 특별한 선호 없이 SAT나 ACT 시험 중 하나를 골라서 제출하면 받아 주는 대학들이 계속 늘어나고 있습니다.

ACT 테스트는 미국 내에서는 연간 7회, 미국 이외의 나라에서는 연간 5회 실시되고 있습니다.

ACT는 고등학교의 교육 과정에 기초한 학업 성취도를 측정하는 시험으로, 영어(English), 읽기(Reading), 수학(Mathematics), 과학(Science)의 네 가지 시험으로 총 2시간 55분의 시험입니다. 각 과목의 만점이 36점이며, 4과목을 합친 평균 점수(Composite Score)로 표시합니다.

English 45분 동안 75문항을 풀어야 합니다. 지문은 대표적인 고등학교 레벨의 영어 사용법(구두법, 문법, 문장 구조)과 수사적 기술(전략, 문장 구성, 문제) 이렇게 주어집니다.

Math 60분 동안 60 문항을 풀어야 합니다. 기초, 초등 및 중간 대수학, 좌표 기하학, 평면 기하학 및 삼각함수 관련 지문을 줍니다.

Science 35분 동안 40문항을 풀어야 합니다. 생물학, 지구/우주과학, 화학, 물리의 문제들이 나옵니다.

Reading 35분 동안 40문항을 풀어야 합니다. 문학, 인문학, 사회 및 자연 과학 분야의 읽기 지문을 이해하는 시험입니다.

다만, Essay는 SAT와 같이 선택 사항이고 총 30분의 시간이 주어집니다. 선택 사항으로 특정한 주제에 대해 2가지의 관점을 선택하여 쓰는 것입니다. ACT는 SAT에 비해 시간이 부족하다고 느끼는 경우가 많기 때문에 모든 문제들에 대한 빠른 답변이 필요합니다.

> **ACT 시험을 보면서 에세이를 요구하지 않는 대표적인 대학교**
>
> 보스턴 칼리지(Boston College), 보스턴 대학교(Boston University), 브라운 대학교(Brown University), 매사추세츠 공과 대학교(MIT), 뉴욕 대학교(New York University), 노스웨스턴 대학교(Northwestern University), 서던캘리포니아 대학교(University of Southern California), 밴더빌트 대학교(Vanderbilt University)

_ SAT냐, ACT냐, 결론은?

다시 처음 질문으로 돌아가서, 자녀분께서 먼저 해야 할 일은, SAT와 ACT 모의고사 시험을 봐서 자신에게 맞는 시험을 선택하는 것입니다.

만약 학생이 논리와 추리력을 가지고 있으면 SAT 시험이 더 적합할 수 있습니다. ACT의 영어 문제들은 좀 더 단순하며, 정답을 찾는 유형이라면 SAT의 영어 문제는 좀 더 심오한 문제이며 최선의 답을 찾아야 하는 문제들입니다.

SAT 영어 Critical Reading이 ACT 영어(English + Reading)보다 더

문학적인 문장(예를 들어, 1800년대 고전작품의 지문)을 제시하거나, 현대의 저명한 저널리즘 문장이 주어지기도 합니다. 그래서 응시자의 사유 능력이 더 요구됩니다. 문제를 한번쯤 더 생각하도록 해 놓은 중의적 지문 유형이 많습니다. 학생들에게 논리적으로 접근할 수 있는지 물어보는 출제 의도가 담겨 있습니다. 깊이 있는 지문 이해 능력이 있는 자녀라면 영어 부분에서는 SAT에서 더 좋은 성과를 보일 수 있을 겁니다.

그렇다고 ACT가 더 쉬운 것은 아닙니다. ACT에서 가장 중요한 것은 시간과의 싸움입니다. 문제를 어떻게 풀 것인가도 중요하지만, 정해진 시간 안에 정확하게 많은 문제를 풀어야 됩니다. 반면에, SAT는 충분한 시간이 주어지고 시간에 쫓기지는 않는 편입니다.

ACT 시험 과목은 영어 및 Reading, Math로 구성되어 있어서 SAT의 Critical Reading 및 Math와 비교 가능하지만, ACT의 경우는 Science Reasoning Test를 봐야 하는 점이 SAT와는 다릅니다. 즉, 학생들의 수학, 과학 능력을 더 보강해야 합니다. 자녀분께서 이미 수학과 과학 쪽에서 좋은 성과를 보이거나 관심을 보이면 ACT가 더 적합할 것입니다.

결론적으로, SAT에 능한 학생들은 강한 비판적 사고 능력을 가신 학생들입니다. 학교에서 직접 배우지 않은 내용에 대해서 자신의 지

성과 사유 능력에 의존해 문제를 풉니다. ACT는 부단히 노력을 기울이는 노력형이 월등한 점수를 보입니다. ACT는 고교 시험에 더 유사하며, 고교 시험에서 높은 점수를 얻는 학생들이 ACT 시험에서도 강한 면을 보여주는 경향이 있습니다.

_ SAT vs ACT 시험 분석

SAT

- 총 1,600점
- 영어 Critical Reading+Writing 800점
- 수학 Mathematics 800점
- 영어 reading 52문제
- 영어 writing 44문제
- 영어 총 100분
- 수학 58문제(Calculator allowed 38문제, No Calculator allowed 20문제)
- 수학 총 80분(Calculator 55분, No Calculator 25분)
- Essay(선택 사항) 50분
- 총 3시간(Essay 제외)
- 총 154문제

ACT

- Composite score 36점
- 영어 English 36점
- 수학 Mathematics 36점(Calculators allowed 모든 문제)
- 읽기 Reading 과학 문제 36점
- 읽기 Reading 36점
- 영어 총 75문제 45분
- 수학 총 60문제 60분
- 과학 총 40문제 35분
- 읽기 총 40문제 35분
- Essay (선택 사항) 30분
- 총 2시간 55분(Essay 제외)

총 215 문제

미국 대학교에 들어가려면 TOEFL 점수가
있어야 한다고 들었습니다. 사실인가요?
TOEFL 시험에 대해서 좀 자세히 알고 싶어요.

_ TOFEL(Test Of English as a Foreign Language)이란?

한국이나 다른 나라에서 미국 대학 입시를 준비한다면 국제 학생(International Student)으로서 영어에 대한 능숙도를 증명해야 합니다. 미국 대부분의 대학이 TOEFL, IELTS 같은 국제적으로 인정되는 공인 영어 성적을 요구하는 것입니다. 그중에서도 가장 보편적으로 요구되는 시험이 TOEFL입니다. 이 시험은 2005년부터 iBT(Internet Based Test) 시스템을 사용하고 있으며, 전 세계 TOEFL 응시 학생 중 97%가 이 시험 유형을 사용하고 있습니다. 인터넷이 불가능한 지역에서만 PBT(Paper Based Test) 시험을 사용하고 있습니다.

_ iBT TOEFL 몇 점이면 미국 대학을 갈 수 있을까?

TOEFL iBT의 범주는 총 4개로 나누어지며, 응시자의 Reading(읽기), Listening (듣기), Speaking(말하기) 그리고 Writing(쓰기)에 대한 시험을 봅니다. 한 범주당 30점 만점으로, 4개의 범주를 합하면 120점이라는 숫자가 나옵니다. 즉, iBT TOEFL은 만점이 120점입니다.

그럼 iBT TOEFL 몇 점이면 미국 대학을 갈 수 있을까요? 미국의 아이비리그(Ivy League) 또는 그 정도의 명문 대학들은 90점 이상의 점수를 요구합니다. 실제로 명문대학을 지원하는 학생들의 TOEFL 점수는 최소 100점 이상이 대부분입니다.

미국 대학들이 다 토플 성적을 요구하는 것은 아닙니다. TOEFL 시험을 면제해 주는 곳도 있으며, 내신 성적 등 나머지 항목들이 괜찮다면, 대학교에서 조건부 입학(Conditional acceptance)을 허락하는 대학교들도 있습니다. 일반적으로, TOEFL 점수에 따라 들어갈 수 있는 학교들이 판가름이 나며, 학교의 내신성적(GPA)이 높더라도 공인시험 점수, 특히 TOEFL 점수가 낮다면 명문 대학 입학은 어렵습니다.

_ TOEFL 시험의 점수 유효기간은?

TOEFL 시험의 점수 유효기간은 시험일로부터 2년입니다. 토플 같은 경우, ACT나 SAT와 비교했을 때, 시험을 많이 그리고 자주 볼 수 있다는 장점이 있습니다.

널리 알려진 TOEIC(Test Of English for International Communication)과 미국 대학원을 갈 때 응시하는 GRE(Graduate Record Examinations) General Test를 주관하는 ETS(Educational Testing Service)라는 비영리재단에서 만든 시험입니다.

전 세계 다양한 나라 및 장소에서 시험을 응시할 수 있습니다. 통상적으로, 1년에 50회 넘게 시험 날짜가 있으며, 미리 정해진 날에 시험을 봐야만 합니다. 거의 1주일에 한 번씩 시험을 볼 수 있는데요, 이렇게 기회가 많은 만큼 첫 시험을 친 날부터 12일이 지나야 재시험을 볼 수 있습니다.

_ TOEFL 시험의 예약은?

선착순 접수입니다. 자신이 원하는 날짜에 시험을 보고 싶다면 보통 3-4 달 전부터 특정 날짜에 예약을 해야 합니다. 하지만 급하게 봐야 한다면, 4일 전까지는 응시 예약을 해야 합니다. 예를 들면, 서울에서 2017년 10월 21일 토요일에 시험을 보고 싶다면, 7일 전인 10월 14일 토요일 전까지 시험에 등록하여야 추가적인 비용이 발생하지 않습니다.

하지만 21일에 TOEFL 시험이 있다는 걸 (14일 토요일이 지났지만)

17일 화요일 이전에 인지하면, 미국 달러로 $40의 late fee를 추가 지불하고 시험 예약이 가능합니다. 17일 화요일이 지난 상황이라면, 아쉽게도 21일보다 더 늦은 일정의 시험을 예약해야 합니다.

미국 고등학교에 간 지 일 년밖에 안 되었는데,
대학에 지원해야 하는 시기네요.
에세이가 중요하다고 얘기를 많이 듣기는 했는데
도대체 무슨 얘기를 써야 할지 모르겠어요.
영어도 잘하지 못하는데 부담이 크네요.
한국에서 쓰는 자기소개서처럼 쓰면 되나요?

에세이의 중요성은 아무리 강조해도 지나치지 않습니다.

특히 경쟁률이 치열한 상위권 학교를 지원하는 학생들은 대부분 성적(GPA), SAT/ACT 의 공인시험 등, 숫자로 객관화 되는 지표들이 비슷한 상황이라서 에세이는 경쟁력을 살릴 수 있는 가장 강력한 무기가 될 것입니다. 어쩌면 특별활동기록(Activity)보다 에세이가 더 큰 무기가 될 수 있습니다.

그러다 보니 에세이는 주제에 대한 고민도 필요하고, 본인의 어떠한 면모를 부각시킬 것인지에 대한 전략이 집중적으로 필요합니다.

공통지원서(Common Application)의 에세이 주제가 6개에서 7개로 변경되었습니다.

대부분은 큰 변동이 없고 '자유 주제'가 있다 보니 깊이 고민하지 않는 학생들의 경우는 '아, 그러면 그냥 내 얘기를 쓰면 되겠네'라고 생각하겠지만, 사실 '자유 주제'가 무엇을 보여줄 것인가에 대한 부담이 가장 크다고 할 수 있습니다(본인이 어떠한 장점을 부각시킬 것인지에 대한 철저한 전략이 없으면 뜬구름 같은 얘기만 하다가 소중한 기회를 놓칠 수 있겠죠?).

흔히 쓰는 자기소개서, 즉 "저는 엄하신 아버지와 자애로우신 어머님 사이의 화목한 가정에서 1남 1녀로 태어나……"처럼 이런 식의 글은 확실히 지면 낭비입니다.

미국 대학 지원 에세이의 출발점은 어떠한 주제(prompt)를 고를 것인가에서 시작합니다. Common Application essay의 경우 원래 6개 주제 중 하나를 택해서 650 단어로 글을 쓰도록 했는데, 현재는 주제가 7개로 늘어났습니다.

예를 들면, 다음과 같습니다. 이중에서 하나를 골라서 써야 합니다.

1. Some students have a background, identity, interest, or talent that is so meaningful they believe their application would be incomplete without it. If this sounds like you, then please share your story.

2. The lessons we take from obstacles we encounter can be fundamental to later success. Recount a time when you faced a challenge, setback, or failure. How did it affect you, and what did you learn from the experience?

3. Reflect on a time when you questioned or challenged a belief or idea. What prompted your thinking? What was the outcome?

4. Describe a problem you've solved or a problem you'd like to solve. It can be an intellectual challenge, a research query, an ethical dilemma – anything that is of personal importance, no matter the scale. Explain its significance to you and what steps you took or could be taken to identify

a solution.

5 Discuss an accomplishment, event, or realization that sparked a period of personal growth and a new under-standing of yourself or others.

6 Describe a topic, idea, or concept you find so engaging that it makes you lose all track of time. Why does it capti-vate you? What or who do you turn to when you want to learn more?

7 Share an essay on any topic of your choice. It can be one you've already written, one that responds to a different prompt, or one of your own design.

얼핏 봤을 때는 '쉽네?'라고 생각할 수도 있겠지요. 하지만 표면상의 질문에 단순히 대답을 하는 것이 아니라 "나의 무슨 강점을 표현하는 것이 좋을까?"에 대한 고민과 에세이에 들어가지 않은 다른 내용들은 어디에서 표출하는 것이 좋을지에 대한 전략적인 계산이 서 있어야 좋은 에세이가 나올 수 있습니다.

가끔 에세이가 너무 좋아서 아이비리그나 스탠포드, 듀크 같은 명문대에서 입학 허가를 내주는 경우도 있었습니다만, 그런 경우는 신문에 날 정도로 매우 독창적인 에세이인 것입니다. 일반적으로는 본인의 이력과 강점, 약점에 대한 분석을 한 후, 무엇이 들어갈 것인지, 어떠한 메타포를 사용할 것인지, 질문에 대해 충분히 이해하고 있는지 등을 고려해서 작성해야 합니다.

에세이를 쓰는 것은 전쟁에 나가기 위해 무기를 얼마나 잘 준비하느냐 하는 만큼 중요합니다.

에세이 말고도 학교에서 요구하는 자잘한 단문 에세이(Short Answer)나 다른 주제의 에세이를 추가적으로 진행해야 할 수도 있습니다. 내가 지원하는 학교가 별도의 에세이를 요구한다면 시간이 있을 때 미리 미리 봐두고 구상하기 바랍니다. 그래야 좋은 결과가 있겠지요?

참! 에세이는 내용도 중요하지만 문법이나 단어 철자, 문장부호 같은 것들도 꼼꼼히 검수해야 한답니다.

고등학교 시절의 특별 활동(Extracurricular activity)이 많이 중요한가요? 특별 활동이 적으면 TOP 100 안에 꼽히는 미국 대학교에 합격할 수 없을까요?

한국 대학교와 달리 미국 대학교에서는 특별 활동(Extracurricular activity)을 매우 중요하게 여깁니다. 특별 활동은 미국 대학교들이 꼭 원하는 서류 중 하나입니다. 특별 활동이 적다고 좋은 대학교에 들어갈 수 없다는 것은 아니지만, 비슷한 성적을 가진 학생이라면 특별 활동이 두드러진 학생이 유리하다고 할 수 있습니다.

특별 활동이 왜 중요할까요? 대학교에서는 학생들의 점수(내신 성적 및 공인시험)를 중요하게 여기지만, 특별 활동을 통해서 학업 이외에 학생들의 다양한 능력을 확인한다고 볼 수 있습니다. 사실 학생들이 학교 성적을 잘 받으려고 학업에 집중하다 보니, 특별 활동을 하기에 시간이 부족한 경우가 많습니다. 하지만 좋은 대학교일수록 학생들이 교과목 공부에 필요한 시간 관리 능력에서부터 특별 활동을 통해서 드러나는 리더십, 인성, 협동심 등 총체적인 측면을 보고서 합격 여부를 결정합니다.

특별 활동을 많이 했다고 대학교에서 제공하는 프로그램을 잘 소화할 수 있다고 말할 순 없습니다. 하지만 특별 활동은 교과수업에서 배울 수 없는 기술 및 능력을 계발시켜 줄 수 있습니다. 예를 들어, 지도력 중심의 클럽은 학생들이 관리 및 위임 능력을 기르는 데 도움이 됩니다. 또 토론이나 연설 클럽은 학생들을 위한 대중 연설 능력을 길러 줍니다. 스포츠는 강한 팀 구축 능력을 육성하고 인내력과 목표 달성 능력을 길러 주는 효과가 있습니다. 즉, 특별 활동은 장래 사회생활에 필요한 많은 능력을 학생들에게 제공할 수 있습니다.

_ 자신의 최고 장점을 보여줄 수 있는 특별 활동

한국 학생들 경우에는 스포츠나 수학, 과학 대회에 참여하여 특별 활동의 양을 늘리는 경우가 많습니다. 몇몇 학생들은 대학에 원서를 제출하면서 이런 특별 활동 실적을 참여 기록으로만 쓰는 경우가 있습니다. 이러한 경우, 대학교에서 사실인지 아닌지 알 수가 없기 때문에 보다 확신을 할 수 있는 정보를 쓰는 게 중요합니다. 예를 들어, '한국에서 열리는 수학 대회에 참여했다'라고 쓰면 대학교들은 이런 점을 고려하지 않는 경우가 많습니다. 이렇게 쓰는 것은 쓰나 마나입니다. 정확한 날짜와 무슨 일을 했는지, 어떤 성과물을 가져다주었는지 디테일하고 확실한 정보를 쓰기 바랍니다.

특별 활동은 다른 GPA 내신 성적이나 공인시험(SAT, ACT, TOEFL)처럼 큰 비중을 차지하지 않아서 이것저것 너무 많은 활동을 기술할 필요는 없습니다. 한두 개 정도의 확실한 특별 활동 증거를 보여주면 됩니다. 하지만 명문대일수록 특별 활동을 보면서 이 학생이 누구인지, 얼마나 자기 학교와 어울릴 수 있는지를 보려고 합니다. 따라서 TOP 100 안에 드는 미국 대학교에 들어가고 싶다면, 학업 이외에 자신의 최고 장점을 보여줄 수 있는 특별 활동도 적극 참여할 것을 권합니다.

Question 008

미국 주립대학이랑 사립대학은
어떤 차이가 있나요? 사립대가 주립대보다
학비가 비싸고, 교육 수준이나 명성이
더 높은가요? 차이점이 궁금해요.

Answer 008

우선 미국의 주립대와 사립대의 숫자부터 살펴 볼까요?

2017년 현재, 주립대의 경우는 4년제 670여 개, 2년제 1,000여 개 이렇게 총 1,600여 개의 학교가 있고, 사립대의 경우는 4년제 2,100개, 2년제 720여 개 정도로 총 2,800여 개의 학교가 있습니다. 주립대학의 숫자는 큰 변화가 없지만, 사립대학은 증가하고 있습니다. "생소한 학교인데요?"라는 학교들은 대부분 사립대학들인 경우가 많습니다.

두 시스템의 가장 큰 차이점은 '예산이 어디에서 나오느냐'라는 부분입니다.

주립대는 주정부 예산을 바탕으로 운영이 되고 있습니다. 그래서 학생들이 그 주의 학생(In-State)인지, 혹은 다른 주의 학생(Out of State)인지, 아니면 외국 학생(Non-Residents/International)인지에 따라서 학비가 다릅니다.

자기 주에서 지낸 학생(In-State)들의 학비는 다른 주의 학생(Out of State)이나 외국 학생(Non-residents=International)에 비해서 50% 이상 저렴한 경우가 대부분입니다.

그래서 미국 학생들은 학비 때문에 자기 주의 학교로 진학하는 사례가 많습니다. 유학생들의 경우에는 자기가 머물고 있는 주의 주립대학으로 진학하더라도 주 거주자(In-State) 혜택이 없으므로, 미국 전역을 대상으로 본인이 가고 싶은 학교를 선택하라고 추천 드립니다.

[단, 텍사스 주 같은 경우는 예외적으로 외국 학생(Non-residents =International)이라도 3년 이상 자기 주에서 공부했다면 주 거주자(In-State)로 인정해 주고 있습니다.]

_ 사립대학 vs 주립대학

사립학교는 학생들의 등록금과 졸업생들의 기부금 등 개인과 사설 재단에서 충당하는 비용으로 학교가 운영됩니다.

대부분 주립대는 정부 지원이 있기 때문에 학비가 $15,000-30,000 정도이고, 사립대학의 경우는 $40,000-50,000 이상인 곳이 많습니다.

또한 사립대학은 4,000-5,000 명 정도의 학생 규모를 가지고 있는 학교들이 많은데, 주립대학의 경우는 8,000-10,000 명 이상의 규모를 가진 학교들도 많이 있습니다.

이렇다 보니 학업 성취도의 경우 상위를 차지하는 학교들은 유명 사립대학교들이 많고(우리가 익히 아는 학교들인 Harvard, Stanford, Yale, Princeton, Duke, Brown 등의 대학들은 다 사립대학들입니다), 중위권 그룹에 주립대들이 분포되어 있는 편입니다.

그러나 요즘 들어 주립대들의 약진이 눈에 많이 띄는데요, 그중에서도 캘리포니아 대학교들(University of California 계열의 학교들-UCLA, UC Berkeley, UC San Diego 등) 및 미시간 대학교(University of Michigan-Ann Arbor), 일리노이 대학교-어바나샴페인(University of Illinois-Urbana Champaign), 위스콘신 대학교-매디슨(University of Wisconsin-Madison), 미네소타 대학교-트윈시티즈(University of Minnesota-twin cities), 노스캐롤라이나 대학교-채플힐(University of North Carolina-Chapel Hill), 워싱턴 대학교(University of Washington), 조지아텍(Georgia Institute of Technology) 등의 학교들이 대표적입니다.

결론적으로 우리가 아는 우수한 대학들 중에는 사립대학이 많지만, 주립 대학 중에도 명성이 있고 좋은 대학이 많습니다. 따라서 주립인지 사립인지 따지기보다, 내가 공부하고자 하는 전공의 적합성 및 발전 가능성을 보고 폭 넓게 지원하기를 바랍니다.

엄마 친구 딸이 공부를 엄청 잘한다고 그랬는데 칼리지를 갔다고 해서 "별거 아니네!" 그랬거든요. 한국으로 따지면 전문대학이잖아요. 근데 엄청 좋은 리버럴 아츠 칼리지라고 자랑하더라구요. 그게 뭐예요? 정말 좋은 학교에요?

원래 리버럴 아츠 칼리지(Liberal Arts College)는 인문과학, 사회과학, 자연과학 등 교양과목에 중점을 둔 학부 중심의 4년제 대학을 가리킵니다. 국내 대학으로 치면 인문대, 사회대, 자연대를 합친 학부라고 볼 수 있습니다.

일반 종합대학(University)에 비해 학생 수가 적어(2만 명이 넘는 일반적인 종합대학에 비해 1,000-3,000명 정도로 학생 수가 무척 적은 편입니다.

그만큼 교수와의 관계성이 밀접합니다), 대부분 교수 대 학생 비율이 '1 대 10' 미만의 토론식 수업 위주이며, 많은 양의 독서가 요구되는 균형 잡힌 프로그램들이 운영되고 있습니다. 그래서 종합대학에 비해 학업 성취도가 더 높아서 대학원 진학, 취업 등에 있어서 우수한 리버럴 아츠 컬리지가 많습니다. 역사와 전통이 오래된 리버럴 아츠 컬리지는 아이비리그 대학들에 결코 뒤지지 않는 명성을 자랑합니다.

2016년 기준으로 미국에는 239개의 리버럴 아츠 칼리지가 있으며, 윌리암스(Williams College), 앰허스트(Amherst College), 웰슬리(Wellsley College), 미들베리(Middlebury College), 스왓스모어(Swarthmore College) 등이 유명합니다. [참고 : US NEWS. 2016년 랭킹]

_ 리버럴 아츠 칼리지의 특성

리버럴 아츠 칼리지(Liberal Arts College)는 전통적으로 인문, 사회, 자연과학에 강한 편이지만, 최근 들어 올린 대학(Olin College)이나 쿠퍼 유니온(Cooper Union), 하비 머드 대학(Harvey Mudd College) 등의 경우 공과대학으로 더 유명하기도 합니다.

종합대학 내의 학부에서 리버럴 아츠 칼리지를 두는 경우도 있으며, Liberal Arts College 내에서 종합대학의 학부 시스템을 도입하기도 합니다. 예를 들면, 브라운 대학이나 예일, 시카고 대학의 학부가 어마어마한 학습량으로 유명한 이유가 바로 학부는 리버럴 아츠(Liberal Arts) 교육 과정을 추구하기 때문이죠.

　강의에 집중하는 교수, 그런 교수와 학생의 밀접한 연관성, 독서와 본인의 연구를 바탕으로 진행되는 토론 수업 및 밀착 지도 등이 워낙 좋은 편이라 우수한 연구 결과들이 많이 발표됩니다. 이러다 보니, 고등학교 때 학업 성취도가 뛰어나면서 대학의 유명세에 연연하지 않고 좋은 교육환경을 원하는 학생들에게 특히 인기가 많습니다.

　대부분의 리버럴 아츠 칼리지는 입학 경쟁률이 치열하며, 높은 공인 점수를 요구합니다. 입학생들에 대해 경제적인 지원 역시 아끼지 않는 편이며, 유학생들에게도 장학금을 제공하는 곳도 많습니다(참고로 저희 학생들 중 쿠퍼 유니온(Cooper Union)에 합격한 학생들은 적게는 50%에서, 많게는 전액 장학금(full tuition waiver)까지도 제공받았습니다. 또한 리드 칼리지(Reed College)에 합격한 학생은 유학생인데도 CSS Profile 작성을 통해 장학금과 추가적인 재정 지원을 받고 무사히 졸업했습니다).

　리버럴 아츠 칼리지는 학부 과정뿐만 아니라, 석사 이상 과정도 있습니다. 그래서 석사 이상의 학문적인 소양을 높이려는 학생들에게도 열려 있습니다.

　아마도 엄마 친구 따님은 자랑할 만한 칼리지(College)에 들어갔나 봅니다. ☺ 축하 드려야 할 것 같네요.

Question 010

미국 음대, 미대로 진학하고 싶은데,
음대와 미대 지원 방법은 일반 대학들과
다를 것 같아요. 어떻게 다른가요?

먼저 종합대학교(University) 안에 있는 음악 및 미술학부(college of music, college of art)와 예술학교(art college 또는 conservatory)의 차이점을 알아야 합니다. 우리가 흔히 일컫는 명문대에서 음악이나 미술을 배우고 싶다면 공인 시험 점수(SAT 혹은 ACT)가 필요하고, 예술학교로 진학하고 싶다면 대부분 학교들이 공인 시험 점수(SAT 혹은 ACT)를 요구하지 않습니다(예외적으로 필요로 하는 학교들이 있으니, 별도로 확인하셔야 합니다).

예를 들어, 브라운 대학(Brown University)의 음악 전공을 하고 싶은 학생이라면 다른 음악 전문 학교(Conservatory나 Music School)의 입학 절차가 조금 다릅니다. 브라운 대학(Brown University)에서 요구하는 공인 시험 점수(SAT 혹은 ACT)를 제출해야 합니다. International(F-1) 학생에게는 토플 점수를 요구할 수도 있지만, SAT Critical Reading 점수가 높으면 면제가 가능하기 때문에 보통 SAT나 ACT를 많이 준비하는 편입니다.

이렇게 대학에서 음악을 전공하고자 하는 학생들은 수업을 많이 들으면서 자신의 음악 재능을 키우고 대학원 진학까지 꿈꾸는 학생들이 많습니다. 대학에서 음악이나 미술을 전공하고자 하는 학생들은 음악 재능도 뛰어나지만, 학업 성적도 일반적인 학과 지망생들과 비교했을 때 뒤지지 않습니다. 예일 대학교(Yale University)를 예로 들면, 예일대는 미국에서 Top 5 안에 들어가는 명문대입니다. 음악이나 미술 전공으로 입학하기 위해선 일반 학과 지원자들과 동일한 입학 절차를 밟습니다. GPA, 공인 시험, 대학 원서, 특별 활동은 물론, 필요하다면 토플까지 봐야 입학 원서를 제출할 수 있습니다.

'경쟁이 치열하지 않을까?'라고 생각할 수도 있고, '음악이나 미술 분야인데 굳이 왜 어렵게 명문대를 갈까' 생각할 수도 있습니다. 사실 매우 경쟁이 치열합니다. 예술 쪽을 실기만으로 배우기보다는, 학문적 접근을 통해 전공 수업들을 접하고 더 많은 지식을 쌓으려는 학생들이 선호합니다. 역시 명성은 누구도 무시할 수 없는 것이 현실이지요.

_ 예술학교로 지원할 경우 준비할 것들

 예술학교로 지원할 경우 준비할 것들이 많이 다릅니다. 보통 아트 스쿨에서는 성적과 포트폴리오(portfolio)가, 음악 학교(conservatory)에서는 성적과 포트폴리오/오디션이 중요합니다. 포트폴리오/오디션은 학생의 예술적인 능력을 보여주는 것이라고 할 수 있습니다. 음악이면 음악, 미술이면 미술, 춤이면 춤으로 학생이 참여했던 공연이나 고교 시절에 만들었던 작품, 학생의 예술 활동과 관련된 모든 서류를 대학교 원서에 넣습니다. 음악 전문 학교(Conservatory)에서는 원서를 넣은 뒤, 오디션을 진행합니다.

 버클리 음대(Berklee college of music)는 내신 성적, 토플 점수, 특별활동 실적을 필수로 제출하면서, 추가적으로 오디션 진행과 포트폴리오를 제출해야 합니다. 추천서는 2-3개 정도, 음악 선생님들과 카운슬러 선생님께 받아야 합니다. 버클리 음대의 원서 신청 기간은 다음과 같이 4번 나뉘어져 있습니다.

- Early action : 11/1 (결과 1/31)
- Regular decision : 1/15 (결과 3/31)
- Summer decision : 12/1 (결과 3/1)
- Spring decision : 7/1 (결과 9/15)

- 원서 지원 마감 이후 오디션 기간이 있습니다. 이 기간 이후 결과 발표가 나오는 상황이라 결과 발표까지의 시간 소요가 있습니다.

   외국 학생(International F-1 VISA)인 경우, 토플 점수(72점 이상)를 필수로 요구합니다.
   아트스쿨은 SAT I 점수를 요구하지 않는다는 말을 들었다고요?
   네, 대부분의 아트스쿨은 외국학생(International F-1 VISA)인 경우 토플 점수만으로 지원이 가능합니다. 하지만 미국 고등학교를 졸업하는 경우에는 SAT를 많이 보는 편이라, 토플 점수 대신 SAT I 점수를 제출하는 학생들도 있습니다.
   보통 한국 학생들은 토플 점수를 높게 받도록 공부하면서, 동시에 예술적인 부분(포트폴리오/오디션)을 더 중요하게 준비하는 편입니다. 시카고 예술대학(School of Art Institute of Chicago-SAIC)을 예로 들면, 토플 점수는 82점 이상을 요구하고, SAT 점수는 영어 과목에서 560점 이상을 요구하고 있습니다. ACT 같은 경우에는 21점 이상을 요구합니다. 미국에서 고등학교를 다닌 학생이라면 공인 시험 SAT 혹은 ACT를 응시하는 것이 좋습니다.
   다시 요약하면, 아트스쿨에서는 내신 성적 외에 포트폴리오, 그리고 오디션 등이 필요하고 외국 학생(International F-1 VISA)들에게는 추가적으로 공인 영어 성적(토플) 점수를 요구합니다. 물론 외국 학생이라도 미국에서 공부하여 SAT 혹은 ACT 성적이 좋다면 그것으로 토플을 대체할 수 있습니다. 그리고 학교들에게 알맞은 오디션과 인터뷰가 따로 있기 때문에, 이러한 부분도 자세히 알아보고 준비해 둬야 합니다.

아트스쿨과 달리 종합대학의 경우, 학생의 예체능 능력도 보지만, 학업적인 능력 역시 중요하게 보기 때문에 GPA 관리도 매우 중요합니다.

대학 지원을 해야 하는데 뭘 해야 할지를 모르겠네요. 특별히 잘하는 것도 없고, 특별히 좋아하는 것도 없는데 어떤 전공을 택하면 좋을까요?

충분히 공감합니다. 사실, 고등학교 때 앞으로 인생을 관통할만한 결정을 하기는 수월하지 않죠. 경험이 많지도 않고, 정보도 많지 않은 상황이라 그럴 수 있습니다.

저도 그 무렵에는 철학 공부를 하고 싶었던 기억이 있습니다. 물론, 이후에는 전혀 다른 전공을 하기는 했지만요(대학 때 선택 과목으로 Introduction of Philosophy를 들어 보고 나서, 철학을 전공하지 않은 것을 다행이라 생각했습니다).

미국 대학들 중에서도 이러한 상황을 충분히 고려하는 학교들이 있습니다.

바로 Undeclared 혹은 Undecided Major가 바로 그런 예인데요 (이것은 전공 이름이 아니라 아직 '전공을 결정하지 않고 지원합니다'라는 의미입니다). 학교 생활을 열심히 해서 훌륭한 GPA와 특별 활동(Extra-curricular activity)을 보여줄 수 있는데도, 아직 무엇을 할지 뚜렷하게 결정을 못한 경우에 택할 수 있는 길입니다.

WISH-WASHY 하게 들린다구요? 조금만 더 살펴보면 장점들이 있다는 게 확인될 거예요. Undecided Major로 입학한 경우에는 학교에 들어간 이후 수업을 들어보면서 나에게 맞는 전공과 Career Path를 찾게 됩니다.

전공 선택 전까지 여유 시간이 2년 정도 주어지고(물론 그 전에 전공 결정을 해서 관련 학과를 이수해도 됩니다), 관심 있는 분야에 대해서 실제로 공부를 하면서 경험해 볼 수 있습니다. 그래서 미래에 대한 계획, 이후 내 진로와 학업에 대한 길을 보다 탄탄하게 닦을 수 있습니다. 여러 가지 경험한 뒤에야 고등학교 때 막연히 가지고 있던 생각들과는 다르다는 것을 확인하게 될 거예요.

실제로 주변 지인 중에 전공을 세 번 바꿨던 친구가 있어요. 처음에는 생물, 이후에는 경영 이렇게 공부하다가 결국 본인이 하고 싶은 부분이 사회학이라는 걸 알게 되었던 친구가 있습니다.

이 친구는 다양한 경험을 해보면서 본인이 진짜로 원하는 부분들은 사회 현상에 대한 심층적인 연구라는 걸 깨달았다고 하네요. 현재도 본인의 전공에 맞는 진로를 찾아가고 있습니다.

그러나 이런 부분 뒤에는 안 좋은 점도 있기는 한데, 그건 바로 모든 학교들이 이렇게 관대하지 않다는 점입니다.

고등학교 졸업 이후부터 전공을 확실하게 결정하라고 요구를 하는 학교들이 더 많습니다.

게다가 대학 학비는 비싸죠……. 전공 선택이 늦어진다면 졸업을 위한 학점 이수에 대한 비용이 더 많이 나가게 될 거구요, 앞에서 언급한 것처럼, 전공을 정하지 않고 대학 지원을 하는 것만큼 어느 전공에도 통용될 수 있고, 골고루 우수한 GPA가 필요합니다. 그런데도 "저는 좀 더 많은 경험을 해보고 확실한 길을 선택하고 싶습니다"라는 학생들에게는 U/D로 학교 지원을 하도록 추천 드리겠습니다.

지원서를 쓰려는데 연합지원서(Coalition Application)라는 걸 알게 되었습니다.
공통지원서(Common Application)를 쓰고 있는데, 이것도 작성을 해야 하나요?

여기서 우리가 익숙한 공통지원서(Common Application)와 연합지원서(Coalition Application)에 대해서 알아보는 게 중요할 듯합니다.

공통지원서는 이제까지 많은 학교들이 공통적으로 사용하는 지원서입니다.

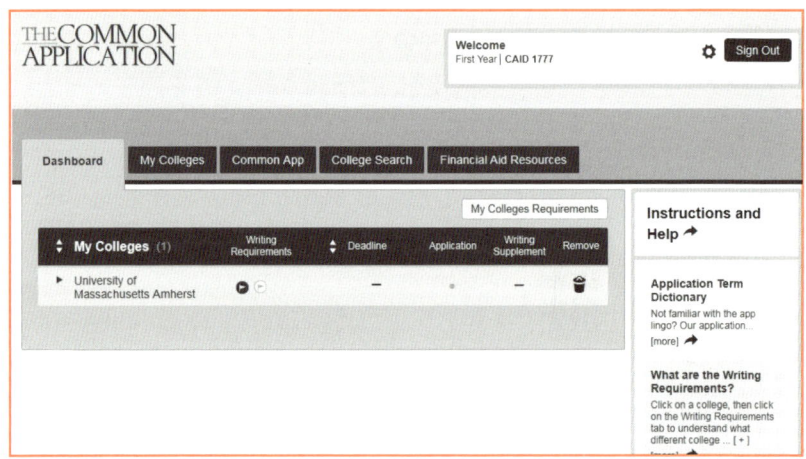

이렇게 등록을 하신 이후,

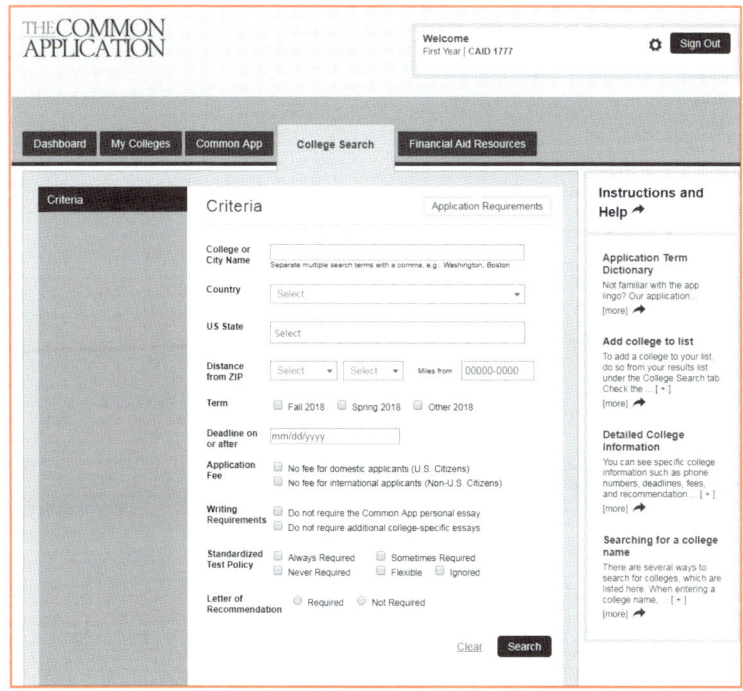

를 통해서 대학을 찾을 수 있습니다.

대부분 매년 8월1일 이후 열리고 있으며, 본인이 지원하고자 하는 연도의 Senior year, 즉 고3때 지원이 가능합니다.

가장 익숙한 형태의 공통지원서이며, 한국의 연세대학교 언더우드 학부 역시 이 지원서를 통해서 학생을 선발하고 있습니다.

그러나 2016년 4월부터는 Coalition Application - 정식 명칭은 Coalition for Access and Affordability for Success - 라는 연합지원서도 열렸는데, 이 지원서는 공통지원서(Common Application)와는 다르게 9학년 이후부터 본인의 활동사항 및 학업 성취를 기록하면서, 본인이 지정하는 카운슬러나 대학 입시 담당자에게 선택적인 서류들을 평가 받으며 무엇이 부족한가를 채워나가는 시스템입니다.

이는 미국에서 입학사정관이나 카운슬러의 혜택을 크게 보지 못했던 미국의 저소득층 고등학생들을 위해 만들어진 시스템이라고 생각하면 됩니다.

그리고 많은 학교들도 이러한 취지가 알려지면서 연합지원서 역시 흔쾌히 받아들이고 있습니다. 스탠포드, 하버드, 프린스턴, 예일 등의 명문대학교들 역시 이 연합지원서를 받아주고 있습니다. 또한 공통지원서(Common Application)를 쓰던 대부분 학교들이 연합지원서를 받고 있습니다. 연합지원서(Coalition Application)를 좀 더 자세히 알아본다면, 다음과 같습니다.

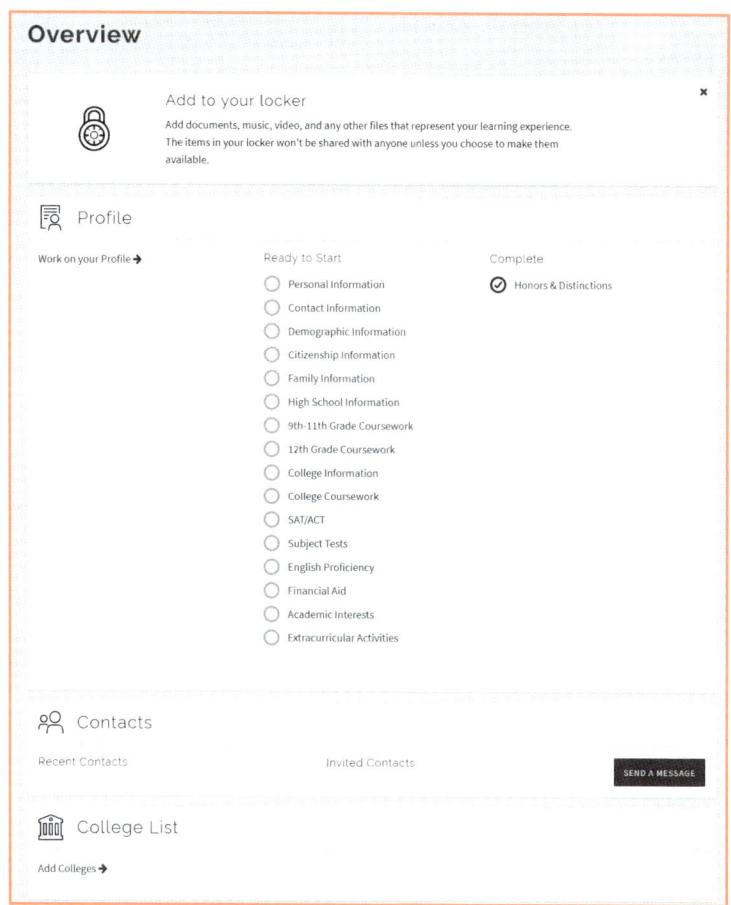

가입을 하면 이렇게 profile 작성란, Locker를 통한 내 활동 영역 저장란, Invite Contacts를 통한 멘토나 카운슬러, 선생님 초대란 등

이 있습니다. 또한 대학 리스트(College List)를 통해 내가 관심 있는 학교 역시 리스트를 만들어 놓을 수 있습니다.

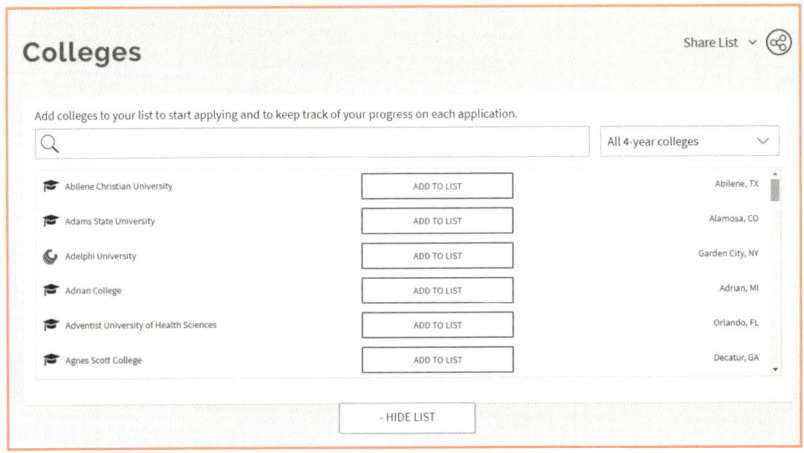

둘의 공통점이라면 둘 다 '대학 입시 지원서'라는 점이고, 차이점은 '언제부터 시작하느냐'라는 차이라고 보면 됩니다.

그리고 학교 원서는 둘 중 하나만 작성하면 됩니다.

한 명의 지원자가 같은 시기에, 또 같은 학교에 원서를 두 개 넣을 필요는 없습니다.

어렸을 때부터 UCLA가 좋은 학교란 얘기를 많이 들었는데, 저도 준비하면 이 학교를 갈 수 있을까 해서 용기 내 봅니다. UCLA에 지원하려면 뭐가 필요한가요?

매년 경쟁률이 치열해지고 있는 UCLA는 캘리포니아 대학교(University of California)의 로스앤젤레스(Los Angeles) 캠퍼스입니다. 2006년 〈뉴스위크(Newsweek)〉지 선정, 'New IVY School 25'에 당당히 UCLA와 UC Berkeley가 그 이름이 올랐으며, 2017년 〈US 뉴스〉 선정 대학 순위에서도 UCLA가 24위, UC Berkeley가 20위에 랭크되었습니다.

통칭 UC라고 불리는 캘리포니아 대학교(University of California) 계열은 캘리포니아 전역에 걸쳐서 총 10개의 캠퍼스가 있습니다[로스앤젤레스(Los Angeles), 버클리(Berkeley), 샌디에이고(San Diego), 어바인(Irvine), 데이비스(Davis), 리버사이드(Riverside), 산타바바라(Santa Barbara), 산타크루스(Santa Cruz), 머서드(Merced), 샌프란시스코(San Francisco)].

UC는 대학 공통지원서(Common Application)를 사용하지 않고 자체 지원서를 쓰고 있습니다. 그래서 UC 지원서를 별도로 준비해야 합니다. 마감 시기 역시 11월 30일로, 수시 전형을 별도로 두고 있지 않습니다.

공통지원서(Common Application)를 쓰지 않는 대신 UC 지원서 하나를 쓰면 모든 캠퍼스를 지원할 수 있다는 꿀팁도 같이 드립니다(UCLA 따로, UC Berkeley 따로 이렇게 작성하지 않아도 됩니다).

SAT나 ACT 및 토플 시험을 준비하고 본인이 원하는 전공이 있는 학교로 지원하면 되는데, 주의할 점은 에세이가 다른 학교에 비해 많다는 것입니다.

공통지원서를 사용하는 학교들은 '택 1 +학교 에세이'나 short answer이지만, UC 에세이는 중간 분량의 글을 4편 완성해야 합니다. 따라서 11학년 여름방학까지는 지원서의 에세이를 완료하는 것이 좋습니다.

제가 상담한 학생 중에는 에세이를 잘 써서 UC 계열 학교에 장학금을 받고 입학한 학생들이 꽤 있습니다. 우수한 인재라면 학비 부담을 줄이고 진학할 수 있는 기회도 많이 있으니, 이런 부분에 대해서 미리부터 준비해서 좋은 결과가 있기를 바랍니다.

  UC는 비교과 활동에 대해서도 관심을 깊게 보이는 학교이니, 지원서 작성 전에 9학년 이후부터의 이력서를 정리해 놓는 것도 학교 지원에 있어서 큰 도움이 되겠죠?☺

Question 014

혼자서 지원서를 쓰다가 서류를 제출하고 나서 학과목 기재 부분에서 실수한 것을 알았습니다. 떨어질까 봐 너무 불안합니다. 어떻게 하죠?

Answer 014

처음 써보는 대학 원서에 많이 긴장하셨나 보네요. 우선 이름이 틀리지 않고 지원 시기에 맞춰서 넣었다면 일단은 안심하세요. 학교에서는 학생들이 원서에 대해 작은 실수를 하더라도 너그러운 경우가 많습니다. 전공 기재를 잘못하거나 혹은 이렇게 이수 학과목을 잘못 기재하는 경우라고 하더라도, 시간 내에 제출된 서류라면 이후 대학 입학사정관(Admission Office)에게 부탁하면 수정이 가능하거나 감안해서 봅니다.

그리고 어차피 성적표의 경우는 업로드를 하거나, 고등학교에서 대학교로 바로 보내는 경우밖에 없기 때문에 사소한 실수는 크게 걱정하지 않아도 됩니다. 예를 들어 '11학년 성적을 통으로 빼먹었다!'와 같은 큰 실수가 아니라면, 대학교에서도 '처음 원서를 쓴다'라는 점을 고려해서 그렇게 빡빡하게 굴지는 않습니다.

단, 본인의 불이익을 감추기 위해 원서에 고의적으로 기재하지 않았다가 나중에 확인되는 사실들에 대해서는 인자하지 않으니, 이런 부분들은 처음부터 솔직하게 서술하는 게 더 좋습니다.

이런 것들의 예로는 기록에 남아 있는 학교의 정학 처분이나 범죄 사실의 경우가 있겠지요. 불법체류의 경우에는 범죄 사실이 아니라 증빙입증이 불가능한(Undocumented) 학생으로 분류하는 학교들이 많습니다. 혹시라도 이런 경우라면 솔직하게 학교에 얘기를 해도 상관없습니다. 이런 환경에서도 하버드에 합격한 친구도 있으니까요.

자, 원서 마감 전에 내가 누구인지 정확하게 확인할 수 있는 상황에서, 원서의 작은 실수들은 학교에서 충분히 감안할 수 있다는 점과, 대학입학사정관에 얘기해서 수정을 요청하면 된다는 점, 기억하고 너무 걱정하지 않으면 좋겠습니다.

PS: 그렇다면 "이름을 틀렸어요!"라고 하는 학생들은 어떻게 할까요?

이런 학생은 본인 여권 사본 및 본인을 증빙할 수 있는 기타의 영문 서류들을 제출하면서 학교에 수정 요청을 꼭 해야 합니다.

Question 015

저는 올해 12학년 되는 학생인데요, 대학에 지원할 때, 추천서가 필수인 학교들이 있다고 들었어요. 아빠가 아는 분이 국회의원인데 추천서를 써주실 수 있다고 합니다. 유명 인사한테 추천서를 받으면 도움이 많이 되나요?

Answer 015

얼마 전에 진행한 한 학생이 반기문 전(前) UN 사무총장의 추천서를 받아올 수 있다고 하면서 똑같은 내용을 물어 왔습니다. 이 학생에게 제가 이렇게 되물었습니다.

"아빠 친구 분(전 UN 사무총장)께서 지원자를 얼마나 잘 아세요?"

"……."

네. 저는 좋은 추천서를 받아오라고 말하지만, 높은 분(?)에게 받아오라고 하지는 않습니다.

좋은 추천서의 기본적인 요건은 다음과 같습니다.

1. 추천인이 지원자에 대해서 잘 알고 있는 것이 바탕이 되어야 합니다.
2. 구체적인 사례에 대해서 기재를 해주면 좋습니다. 예를 들어, 정확한 반 석차나 '어떤 구체적인 사항에서 이런 면을 봤기 때문에 추천을 한다'라는 상세한 내용이 들어가야 좋은 추천서입니다.
3. 추천인이 지원자의 인성이나 성격을 면밀하게 알고 있으며, 이력서를 되풀이하는 게 아닌 진실성이 담긴 진로 지도와 그에 따른 추천 내용이 중요합니다.

이러한 요건들을 다 갖출 수 있으면 좋은 추천서라고 할 수 있습니다.

그래서 대부분 본인을 제일 잘 파악하는 선생님이나 카운슬러의 추천서를 받아오는 경우가 가장 많습니다(Counselor Form이 처음부터 부가된 지원서들도 있습니다. 즉, "다른 사람 말고 카운슬러한테서 받아 오세요"라고 요구하는 학교들이 많습니다). 그리고 입학사정관들은 추천인의 명성이나 인기 때문에 추천서를 더 높이 평가하지는 않습니다.

다시 한 번 말씀드리지만, 모호한 내용으로 형식만 화려한 추천서는 큰 의미가 없습니다. 예를 들어, '열심히 공부하는', '근면한', '성실한' 등의 형용사로 점철된 문장은 피하세요. 구체적인 내용과 확실한 사실을 제시하는 추천서를 준비하는 것이 훨씬 더 효과적입니다.

간단한 예를 들어본다면, 반 석차가 1/22등이다거나 MUN 회장을 했던 사실을 알고 있다거나, 오마하 양로원에서 봉사 활동을 했다, 10/11 AMC 대회에 나갔다, AP 문학 수업의 성적이 향상되었다, 교회 자선 활동을 조직했다 등등의 구체적인 사항들을 말해줄 수 있는 추천서의 내용이 더 도움이 될 거랍니다.

어때요?

건너서 아는 국회의원보다는 학교 카운슬러 선생님한테 받는 게 더 낫겠죠? ☺

미국 대학에 지원하는 유학생입니다.
지원하는 학교에서 Financial Affidavit form을
공증해서 가져 오라는데,
이게 무슨 말인지 모르겠어요. 도와주세요!

한국에서는 대학을 다니면 학자금 대출을 통해 학비에 대한 재정적인 보조를 받는 경우가 있습니다. 아니면 성적 우수 장학금을 받거나 기타 외부에서 수여되는 장학금들도 있죠.

미국도 마찬가지입니다. 학자금 대출을 통해 본인의 학비를 해결하게 되면 졸업 이후 스스로 갚아나가는 방법이 있습니다. 혹은 성적 우수자라서 아무런 조건 없이 장학금을 받는 경우도 있으며, 외부에서 장학금을 받는 부분들도 있어요. USC나 켈리포니아 대학교(University of California)처럼 조건에 맞는 한국인 학생들에게 수여하는 재정 지

원 같은 경우들이 이에 해당됩니다.

그러나 미국의 경우, 학자금 대출은 연방재정의 보조를 받는 부분이기 때문에 유학생들은 신청이 제한되고 있습니다.

더구나 유학생 신분으로는 일을 해서 대학 등록금을 낼 수 있는 상황이 아닙니다. 이 때문에 학교에서는 학생이 처음부터 학비를 댈 수 있는지, 그에 해당하는 생활비도 감당할 수 있는지 입학 신청 때부터 확인을 하고 있습니다.

즉, 어떤 학교들은 원서를 접수하면 재정 능력에 대한 확인을 하고 입학을 결정하기도 합니다. 대부분의 대학 신입생들은 미성년이다 보니, 본인의 재정보다는 부모님의 재정에 의지하는 경우가 큽니다.

이랬을 때, 학교에 제출을 해야 하는 것으로는 현재 '부모님 통장에 얼마가 있다'라는 은행 잔고증명서(Bank Statement)와 '내가 이 학생의 부모(혹은 법적 후견인)인데 이 아이가 미국에서 체류하는 동안의 학비, 생활비, 여행비 등의 일체 비용을 내가 재정적으로 지원을 하겠다'라는 서약서가 있습니다. 이걸 Financial Affidavit 혹은 Financial Declaration이라고 합니다.

이렇게 부모님이 잔고증명서로 충분한 재정적인 여력을 보여주고, 그에 따라 학생이 미국에 체류할 때 발생하는 비용을 지불하겠다고 서약하고 서명 날인을 한 서류를 제출하면 그걸로 충분한 학교도 있

INTERNATIONAL STUDENT SERVICE CENTER

CONFIDENTIAL DECLARATION & CERTIFICATE OF FINANCE FORM

This declaration is for international students who intend to study at Baruch. Before you complete this declaration, examine the chart below, which tells you how much money in U.S. dollars you will need for tuition and other expenses for each academic year. A Certificate of Eligibility (form SEVIS I-20) will not be issued, until the student and their sponsor(s) have signed and returned this form to the International Student Service Center. This certification is for the duration of study at the Continuing & Professional Studies (CAPS).

ESTIMATE OF EXPENSES FOR STUDENTS ENROLLED IN THE CAPS PROGRAM FOR THE ACADEMIC YEAR 2008/2009

EXPENSES	ESL	CABP
Tuition	9,025	6,995
Living Expenses	12,000	12,000
Books + Supplies	200	850
Total	21,225	19,845

SPOUSE - ADD $7,500 per year
CHILDREN - ADD $5,000 per year for each child
THE CURRENT FIGURES ARE SUBJECT TO CHANGE

PRINT YOUR NAME AS IT APPEARS IN YOUR PASSPORT:

NAME: _____ DATE OF BIRTH: ___ / ___ / ___
     Last (Family Name)   Middle   First   Month Day Year

ADDRESS: _____ E-MAIL ADD: _____
_____ PHONE: _____

COUNTRY OF CITIZENSHIP: _____ COUNTRY OF BIRTH: _____

SCHOOL LAST ATTENDED: _____ DATES: FROM _____ TO _____

I.N.S. ADMISSION: _____ SOCIAL SECURITY #: _____

IMMIGRATION STATUS CURRENTLY HOLDING: _____ IMMIG. STATUS APPLYING FOR: F-1 ____

MARITAL STATUS: SINGLE _____ MARRIED _____

IF SPOUSE OR CHILDREN WILL RESIDE WITH YOU IN THE U.S., COMPLETE THE FOLLOWING:

Name: Last	First	Date of Birth	Country of birth	Relationship to student

습니다. 그리고, '그것만으로는 증명하기 어려우니 공증을 받아와라' 라고 하는 학교들도 간혹 있습니다. 이런 경우, 공증 사무실에서 잔고증명서 및 학교 양식의 서약서에 서명 날인한 서류를 가지고 가서 사실공증을 받은 다음, 학교에 보내면 됩니다.

 CUNY 계열의 학교를 진행하시는 것 같은데, 맞나요? ☺

 천천히 읽어보면서 작성하면 힘들지 않습니다.

 학교에서 요구하는 금액 이상의 은행 잔고를 영문으로 준비한 다음, 개인 정보는 직접 적어 넣으면 됩니다.

 그 다음에 재정보증인이 이 서류를 가지고 공증사무실에 가서 사인을 받으면 됩니다.

Question 017

미국 대학에 다니는 친구가 미국 대학 지원할 때
에세이가 가장 중요하다고,
에세이만 잘 써도 좋은 대학 간다고 말하네요.
그 말이 사실인가요?

Answer 017

대부분 부모님들이나 학생들이 정보를 얻는 곳은 인터넷과 지인인 것 같습니다. 인터넷의 경우는 해마다의 입시 정보가 업데이트 되는 것이 아니라, 이미 예전 얘기들이 정설처럼 나돌고 있는 상황입니다. 이런 경우, 사실 여부 판단이 힘든 정보들도 많지요. 그때의 정보는 맞았지만 '지금 상황에서는 변했어요!'라는 경우가 많으니, 정보들의 옥석 여부를 판단하는 게 쉽지가 않죠. 지인들의 경우도 본인이 겪은 경우만으로 일반화하기에는 다양하지 않은, 평장히 제한적인 정보들을 전하는 경우가 많습니다.

입시의 경우는 매년 그 수치와 경향이 달라집니다. 경쟁률도 그렇고, 대학의 인재상도 조금씩 변화합니다. 무슨 얘기를 하고 싶어서 이렇게 장황하게 늘어 놓느냐구요? '에세이도 잘 써야 좋은 대학을 간다!'라는 것입니다. 모든 숫자가 다 갖추어졌을 때, 혹은 어떠한 한 숫자가 뛰어난 경우에 에세이의 효력이 발휘가 되는 거겠지요.

예를 들어, H 학생은 요즘 그 인기가 급부상하고 있는 조지아텍(Georgia Tech)을 가고자 하는 열망이 강했습니다. 부모님 역시 H 학생이 '그 학교에 갈 수 있기를 바란다'라는 마음이 컸고요.

하지만 이 학생의 평균 성적 자체가 3.3 정도 되는 상황에서 ACT 점수가 ACT 점수 25점 미만, 토플 역시 낮은 점수를 가지고 있었습니다. 그러면서 H학생은 '조지아텍은 토플에 대한 최소 요구 조건이 없으니, 에세이만 잘 쓰면 되지 않겠느냐'면서 조지아텍 지원을 강력하게 요구했습니다.

저는 이렇게 접근하면 안 된다고 강력하게 충고를 드렸지만 부모님께서 아는 분의, 친구 딸의, 친구가…… 그렇게 해서 하버드에 갔다~!! 면서 에세이만 잘 봐주면 우리 아이도 조지아텍에 붙을 것이라고 주장하셨습니다.

결과요?

H 학생은 현재 이름도 생소하고, 학비도 비싼, 그저 그런 사립 대학

교의 패스웨이(Pathway)를 통해서 조지아텍 편입을 꿈꾸고 있다고 합니다(어쩌면 그 학생에게는 이게 가장 현실적인 방법일 수도 있습니다).

더 다른 선택도 있었는데 '에세이만 잘 쓰면 된다'고 생각하고, 다른 준비를 하지 않아서 안타까웠습니다. 그리고 그만큼 에세이가 잘 될지에 내해서도 걱정이 많던 경우였어요.

저는 조지아텍에 지원하는 학생이 "조지아텍에 지원해 봤어요!"라는 것에 의미를 부여하고 싶은 학생이 아니라면, 현재 평균 성적 3.7+, ACT 32+, SAT 1,400 후반-1,500 초반에 에세이가 훌륭한 학생들이라야 입학 사정권 내의 안착이 가능하다고 얘기 드리고 싶습니다.

학생 어? 다른 컨설턴트 분보다 더 높이 요구하시네요?

Aim High 저희는 인터내셔널 학생이다 보니 경쟁자 생각을 안 할 수가 없습니다. 미국 학생들에게 요구되는 것보다 더 높은 기준점을 갖춰야 하기 때문입니다.

입시는 지원하는 학교에 대해서 정확한 정보와 전략이 필요합니다. 사실에 입각한 정보를 바탕으로 지원 전략을 세우길 조언합니다.

한 번만 더 말씀 드릴게요.

에세이 '만' 잘 써서는 좋은 대학이라고 일컫는 대학들을 진학하기 힘듭니다. GPA 등 다른 조건이 경쟁자에게 뒤처지는 상황에서, 에세이만으로 평가되지는 않습니다. 그러나 에세이가 굉장히 탁월하다면 조금 부족한 숫자를 약간~ 커버할 수는 있겠지요.

저는 G 외고 출신의 학생입니다.
저희 학교는 우수한 학생들끼리 경쟁을 하다 보니
제 성적이 중학교에 비해서 많이 하락했습니다.
욕심은 미국의 우수 명문대학을 가고 싶은데
지금 이 성적으로 갈 수 있을지 걱정이 됩니다.
괜히 외고를 온 게 아닌지 후회가 됩니다.

　물론, 성적을 잘 받으면 더 바랄 게 없겠지만, 외고 진학의 목적이 무조건 대학 진학만이 목적은 아니었을 거예요. G 외고라고 한다면 아마도 IB 국제반 프로그램이 있는 우수 외고가 아닌가 싶습니다. 점수를 준비하는 게 쉽지는 않으실 거예요. 그래도 다른 친구들이 고등학교 때 겪어보지 못하는 학업적인 탐구를 충실히 해볼 수 있는 기회가 있다는 것만으로도 상당히 큰 이점이 있다고 믿습니다.

미국의 우수학교들 역시 IB 시스템의 학업 강점을 익히 알고 있어서 IB 점수를 가지고 지원을 할 때 큰 문제는 없습니다. 만약, IB 수업을 하는 학교가 아니고 상대평가에 의해 내신이 떨어졌다면 공인 점수를 잘 받는 것이 중요합니다. 그 후에 학교의 스쿨프로파일(School Profile)을 추가적으로 보충을 하거나, 추가적인 정보에 언급을 함으로써 입학사정관들이 본인의 상황을 충분히 알도록 진행하기 바랍니다.

많은 외고 선배들이 미국의 유명 사립대학을 진학했습니다.

모두 다 반에서 1등만 하던 선배들일까요?

그렇지 않습니다.

본인처럼 내신에 대해서 고민하던 선배들이 월등히 더 많았습니다.

그렇지만 내신이 약했던 학생들도 본인이 목표한 학교에 무사히 진학했던 것은 그 노하우가 있었기 때문입니다. 학교 내신은 상대평가였지만 일반 학교와는 다르게 학문적인 깊이가 있는 공부나 연구, 관련된 활발한 활동, 대회 입상, 높은 공인 점수 등을 통해 장점을 다양하게 입증했기 때문입니다.

미국학교는 다양한 면모의 우수한 학생들을 선발하고자 하기에, 성적만 보지 않습니다. '다른 방면으로 우수하다'라는 것들을 충분히 입증할 수 있다면, 또 학교 선택에 대한 전략만 잘 잡고 진행하면 좋은 결과를 기대해 볼 수 있습니다.

저는 '헬조선' 탈출이 목표인 학생입니다.
해외 취업을 해서 외국에서 살고 싶은데요,
주변 사람들이 미국 유학 해봤자
거기서 취업 못한다고 해서
걱정을 많이 하고 있습니다.
미국에서 취업을 하는 건 불가능한가요?

요즘 취업하기 상당히 힘들죠. 이건 비단 한국만의 문제는 아닌 것 같습니다. 물론, 2016-2017년 현재, 일본 취업률이 77.3%, 홍콩이나 싱가포르 국립대학 졸업생들의 취업률은 90%가 넘어간다고 하지만, 한국은 현재 대학 졸업자 취업률이 50.8%라고 합니다. OECD 국가의 평균 취업률인 67%에도 미치지 못하고 있는 실정이죠.

미국 역시 자국민 우선 정책으로 외국인 노동자의 유입은 까다롭게

규제하고 있습니다. 트럼프 행정부가 들어선 이후, 외국인의 미국 취업은 더더욱 어려워지고 있습니다.

하지만 미국의 이익에 도움이 된다고 생각하면 충분히 취업의 기회를 제공합니다. 예를 들어, 본인이 일하고자 하는 분야가 미국 인력이 부족해서 외국에서 유입을 해야 하는 분야인지, 본인이 미국의 경제 활동에 도움을 줄 수 있는 분야에 있는지 등이 확인되어야 합니다.

그리고 실질적으로 미국은 대학 또는 대학원 과정을 마치고 나면 전공 관련 분야에 대해서 일을 할 수 있는 기간을 별도로 줍니다. 이를 OPT(Optional Practical Training)라고 합니다. OPT의 경우, 졸업한 달 전부터 1년 동안 관련 분야에서 직접 실습을 해볼 수 있도록 허가한 제도입니다. 대부분의 전공이 12개월이지만, 어떤 전공 분야는 29개월 동안 허용하기도 합니다(STEM 전공이 그렇습니다. 기존의 12개월에 Additional 17개월을 추가적으로 받고 있습니다).

미국에서 취업에 성공하는 유학생들은 대부분 OPT로 근무한 회사를 적극적으로 활용한 경우입니다. 싱가포르처럼 국립대를 졸업하면 의무거주와 취업을 3년 동안 허용하는 나라에 비하면 힘들지만, 미국에서 전공 분야에 따라 취업을 할 수 있는 여지는 많이 남아 있습니다.

단, 미국에서 대학을 나왔다고 해서 모두 다 취업이 가능한 것은 아닙니다.

우리나라도 SKY 출신이라고 해서 모두 다 취업에 성공하는 게 아닌 것처럼, 미국에서도 OPT 기간에 그 사람의 교육 정도와 회사에서 필요한 업무를 어느 정도 해낼 수 있나, 팀 내에서 화합을 이룰 수 있는가, 잠재력은 어느 정도인지 등의 부분들을 면밀하게 지켜보게 됩니다. 그 이후에 회사가 스폰서가 되어 취업 비자를 신청할 수 있는 것입니다.

부모님이 저에게 전문직이 되라고
자주 얘기를 하세요.
의사나 약사, 변호사 같은 직업이겠지요.
가장 안정적인 직업이라고 하면서요.
그런데 또 앞으로는 4차 산업혁명 시대라서
직업이 많이 없어진다는데
전망이 좋은 학과는 어디일까요?

이런 질문들을 많이 하나 봅니다.

그래서 College Review에서는 1-10위까지 전망이 좋은 학과에 대한 조사를 해두었습니다.

10. Computer Information Systems(컴퓨터 정보 시스템)

9. Chemical Engineering(화학공학)

8. Medical Assistance(의료 보조)

7. Medical Technology(의료기술전문)

6. Electrical Engineering(전기공학)

5. Construction Management(건설관리)

4. Nursing(간호사)

3. Physical Therapy(물리치료)

2. Aeronautics and Aviation Technology(항공 및 조종기술학과)

1. Pharmacology(약학과)

  많은 전공들이 STEM에 관련된 분야들이거나, 혹은 공중보건에 관련된(Health Related) 분야들이네요. 그러나 의사는 제외되어 있습니다. 변호사도 마찬가지구요. 본인이 얘기하는 분야에서는 약사가 그나마 가장 전망이 좋게 보이기는 하지만, 이제까지의 업무에서 좀 더 벗어나 분야의 확장이 이루어진 상황의 약사가 되어야 하지 않을까 예측합니다.

  개개인의 건강에 대한 안내 및 예방보다는 전체 커뮤니티의 보건, 즉 다시 말해 공중보건의 지속, 더 나아가 예방에 있어서 보다 많은 업무를 하는 약사가 가장 전망이 좋은 미래 직종으로 '베스트 칼리지 리뷰(Best College Review)'에서 발표를 했습니다.

그리고 눈 여겨 볼 부분들이 이공대 계열인데요, 특히 컴퓨터 관련이나 화학공학, 전기공학, 우주공학에 관련된 분야들이 높은 순위를 차지했네요. 절반은 STEM이고, 절반은 공중보건이네요. 흔히 보이던 전공인 비즈니스, 마케팅, 회계학, 교육학, 정치, 경제 등의 분야들은 쏙 들어갔네요.

미국에서 물리치료, 직업치료 등의 경우는 한국과 다르게 전망이 굉장히 높은 분야 중 하나라는 생각이 듭니다. 또한 간호사나 공중보건 중에서도 기술을 요하는 직업은 그 수요가 나날이 증가할 것이라는 부분들이 확연히 드러나는데요. 아마도 2020년에서 2030년까지는 이러한 분야들이 각광받을 것 같습니다.

고령화 사회가 끝나는 시점에서는 다시금 컴퓨터 관련 분야가 약진을 거듭할 것이라고 봅니다.

그 동안의 약사와는 다른 개념의 약사가 되고자 도전을 해본다면, 부모님의 기대와 이후 미래 전망을 같이 충족할 수 있을 것 같구요. "도저히 저는 이런 쪽 전공에 대한 취미가 없습니다"라고 한다면, 공대 계열이 그나마 폭이 넓은 편이니 이공계열로의 관심을 가져보는 건 어떨까요?

우리 삶은 가파르게 변화하고 있습니다. 점점 수명이 길어지는 요즘, 당장의 전공도 중요하지만 나이 들면서 2차, 3차 전공까지도 생각해야 하지 않을까요? 지금 공부하는 분야는 본인의 흥미를 충족시키는 쪽으로 맞춰보는 것도 좋을 것 같습니다.

"아직 뭘 할지 모르겠어요……"라고 하신다면 **Q Question 011** 에서 다시 한번 정보를 보는 것도 좋은 방법이에요.

Question 021

저는 앞으로 컴퓨터공학을 전공하고 싶습니다.
공대 중 컴퓨터공학으로 유명한 학교들의
순위가 있을까요? 있다면 1위는 어디인가요?

Answer 021

세계적으로 알려진 조사기관 QS에서 발표한 '2017년 세계 대학 랭킹'을 기준으로 미국 대학을 대상으로 한 컴퓨터공학 전공 랭킹을 보여드립니다(《QS 2017년 리서치》 기준).

(사실, 미국만이 아닌 다른 국가들을 포함하더라도 컴퓨터 관련 전공은 MIT가 전 세계 통틀어 부동의 1위를 차지하고 있습니다.)

1. 매사추세츠공과 대학교(MIT, Massachusetts Institute of Technology)
2. 스탠포드 대학교(Stanford University)

3. 카네기멜론 대학교(Carnegie Mellon University)
4. 캘리포니아 대학교 버클리 캠퍼스(UCB, University of California, Berkeley)
5. 하버드 대학교(Harvard University)
6. 프린스턴 대학교(Princeton University)
7. 캘리포니아 대학교 로스앤젤레스 캠퍼스(UCLA, University of California, Los Angeles)
8. 워싱턴 대학교(University of Washington)
9. 코넬 대학교(Cornell University)
10. 텍사스 대학교 오스틴 캠퍼스(University of Texas at Austin)
11. 캘리포니아공과 대학교(Caltech, California Institute of Technology)
12. 조지아공과 대학교(Georgia Institute of Technology)
13. 컬럼비아 대학교(Columbia University)
14. 일리노이 대학교 어바나-샴페인(University of Illinois at Urbana-Champaign)
15. 뉴욕 대학교(NYU, New York University)
16. 예일 대학교(Yale University)
17. 펜실베니아 대학교(UPenn, University of Pennsylvania)

18. 캘리포니아 대학교 샌디에고 캠퍼스(UCSD, University of California, San Diego)
19. 미시건 대학교(University of Michigan-Ann Arbor)
20. 메릴랜드 대학교(University of Maryland, College Park)

순위가 낮다고 해서 입학 기준이 낮지는 않습니다. 가령 '시카고 대학교(University of Chicago)가 20위 안에 없네?'라면서 입학 기준도 낮을 거라고 생각하면 입학 전략 자체에 문제가 생길 수 있습니다. 전체적으로 나의 스펙과 입학생의 상황들을 비교하고 분석한 이후에 지원을 고려하는 게 좋습니다.

이 순위는 재학생들의 학업 우수성, 교수진의 연구 성과 발표 등 다양한 분야들이 포함된 순위입니다. 입학생 성적 순위가 아님을 다시 명심하기 바랍니다.

Question 022

미국에서 대학을 나오면 장점이 뭘까요?
지금 미국에서 대학까지 진학할지,
혹은 한국 대학으로 진학을 해야 할지를
고민하고 있습니다.

Answer 022

1990년대 후반까지만 하더라도 '미국에서 유학을 했다'는 사실 하나만으로도 취업 전선에서 크게 유리했습니다. 혹은 '어학연수라도 다녀와야 한다'라며 배낭여행에 이은 어학연수 열풍이 불기도 했습니다. 우리나라가 미국에 대한 의존도가 크고, 특히 인터넷 산업이 막 꽃피는 단계인지라 미국의 문화, 미국의 언어에 익숙하다는 것만으로도 유리한 부분들이 많았습니다.

그러나 이제는 많은 수의 유학생들이 양산되면서 수요보다 공급이 많아지는 상황이 되었습니다. 요즘은 '미국 대학을 나왔다'는 사실만으로 취업 시장에서 예전처럼 유리한 고지에 있을 수는 없습니다. 한국의 기업들도 이제 유학생을 뽑을 때 '미국의 무슨 대학을 나왔느냐'라는 걸 따지기 시작했습니다.

실제로 S 회사의 경우는 유학생 출신을 리크루팅 할 때 참고하는 미국 대학교 리스트가 내부적으로 있다는 소문도 있습니다. 우수 학교 출신 학생들만 채용하겠다는 거죠.

그러므로 다음과 같은 고민이 필요합니다.

1 미국 대학을 가더라도 좋은 미국 학교에 갈 수 있는지?
2 미국 대학 말고 다른 대안은 무엇인지?

대학 진학률 ≠ 취업~!!

이 점을 반드시 기억해야 합니다.

좋은 대학 나온다고 다 취업되는 것이 아닙니다.

그냥 대학을 나오는 게 아니라 우수한 환경에서 공부를 하고 전공 분야에 대해서 얼마나 훈련이 되었는지, 앞으로 어느 정도의 발전 가능성이 있는지가 취업의 관건이 된 것처럼 미국에서의 유학도 같은 기준으로 봐야 합니다.

AP(Advanced Placement) 수업을 들으면, 나중에 대학 졸업할 때 학점 인정을 받고 조기 졸업이 가능한가요?

    AP는 대학에서 배울 만한 수준의 수업을 고등학교에서 선(先) 이수하는 과정입니다. 학생들이 본인의 전공 적합성 및 학과 우수성을 드러내기에 좋은 과정들입니다. AP는 시험과 교과 과정을 총칭해서 부르고 있습니다만, 수업만 들었다고 능사는 아닙니다. 시험 점수를 통해서 지원자의 우수함을 보여주어야 합니다.

    총점은 5점 만점이며, 선택하는 과목에 따라 본인이 지원하는 전공 분야에 대해 얼마나 우수한지를 드러내고 있는 과정이라고 보면 됩니다. 군이 수업을 듣지 않더라도 시험을 통해 점수만 획득하면 인정을 받을 수 있는 과정이므로, 지금 다니고 있는 학교에서 AP 수업이 많이 제공되지 않는다고 좌절할 필요는 없습니다.

AP Capstone

AP Research

AP Seminar

Arts

AP Art History

AP Music Theory

AP Studio Art: 2-D Design

AP Studio Art: 3-D Design

AP Studio Art: Drawing

English

AP English Language and Composition

AP English Literature and Composition

History & Social Science

AP Comparative Government and Politics

AP European History

AP Human Geography

AP Macroeconomics

AP Microeconomics

AP Psychology

AP United States Government and Politics

AP United States History

AP World History

Math & Computer Science

AP Calculus AB

AP Calculus BC

AP Computer Science A

AP Computer Science Principles

AP Statistics

Sciences

AP Biology

AP Chemistry

AP Environmental Science

AP Physics C: Electricity and Magnetism

AP Physics C: Mechanics

AP Physics 1: Algebra-Based

AP Physics 2: Algebra-Based

World Languages & Cultures

AP Chinese Language and Culture

AP French Language and Culture

AP German Language and Culture

AP Italian Language and Culture

AP Japanese Language and Culture

AP Latin

AP Spanish Language and Culture

AP Spanish Literature and Culture

AP에는 이런 과목들이 있습니다. 일반적으로 3-5개 정도의 과목으로 신청해서 시험을 보는 경우가 가장 흔합니다. 예를 들어, 공대 전공을 하고 싶은 경우라면 수학이나 Computer Science 및 AP Science와 관련된 수업을 들으면 전공 적합성을 드러내기 좋은 구성이라고 할 수 있습니다.

AP 시험은 매년 5월에 있으며, 등록 마감은 3월입니다.

AP 과목을 많이 들었다면 대학에서 이수해야 하는 학점에서 제외시켜 주기도 합니다. 또한 대학 조기졸업을 생각한다면 DE(Dual Enrollment)를 통해 고교 시절에 대학 수업을 미리 듣는 방법도 있습니다.

요즘 DE를 제공하는 보딩스쿨이나 미국의 특목고(과학고나 영재고)들이 많이 늘어나면서, 정규 수업에도 DE를 제공하는 경우가 많아졌습니다. 학생들이 미리 대비를 하는 경우도 늘어났고, 우수한 경쟁자들이 많아졌다는 의미이기도 합니다.

'몇 개의 AP로 좋은 대학을 가야지'라는 단순 전략으로는 부족합니다. 내가 이렇게 공부를 했고, 우수하다는 것을 입증하는 방법은 다양합니다. 조기졸업을 생각하는 경우라면 DE 과정을 고려해보는 것이 더 좋은 방법입니다.

저는 IB 시스템의 학교를 졸업할 예정입니다. 미국 대학에서는 IB를 잘 모른다고 하던데 불리하게 작용하지 않을까 걱정입니다. 대략 어느 정도 점수가 나와야 미국 대학에 지원을 할 수 있을까요?

네, 미국 대학들은 IB보다는 AP나 D.E 과정에 익숙하기는 합니다. 하지만 미국을 제외한 다른 국가들(영국, 홍콩, 싱가포르 등등의 우수 대학들)의 경우는 IB 제도가 보편적입니다. IB는 전 세계적으로 인정을 받는 교육 시스템이기 때문에 불이익을 받는 일은 없습니다.

단, IB를 했을 때 IBDP로 확인을 하는 게 낫습니다. 미국의 몇몇 대학들의 경우는 IB Certi.도 받아주기는 합니다만, 대부분의 유명 우수 대학들의 경우는 IBDP를 확실히 선호합니다.

대부분 3개의 HL, 3개의 SL로 나누어서 준비했을 텐데요, 7점 만점의 스코어 X 6과목+TOK, EE, CAS 3점을 합산해서 45점으로 확인을 하면 됩니다. 대부분 대학에 지원할 때 예상 점수(Predicted Score)를 바탕으로 지원하고 있습니다. IBDP에 대해서 불리한 점은 없지만, 점수에 따라 지원할 수 있는 학교의 수준은 달라진다고 봐야 합니다.

예를 들어, "Predict Score 40점인데 스탠포드를 지원하면 가능성이 있을까요?"라고 한다면 저희도 그에 대한 긍정적인 답변을 드리겠지만, "32점 예상 점수로 코넬을 쓰고 싶다"라고 한다면 거기에 대해서는 긍정적인 답변을 드리기 힘듭니다.

무조건 IB를 했다고 '우수하다'가 아니라, IB를 통한 학업 성취도가 어느 정도인가를 판단하셔야 합니다. 최상위권 학교라면 힘들겠지만 중간 정도의 학교들이나 미국이 아닌 다른 국가들의 경우, IB Score 만으로도 대학 지원이 가능한 경우가 있습니다. 선택과 집중을 잘해서 진행하기 바랍니다.

Question 025

저희 학교는 독특하게 미국 대학교 부속 고등학교라서 Dual Enrollment(고등학교 수업을 다 대학 수업으로 진행하고, 고등학교 학점으로도 인정을 해주는 프로그램)를 하고 있습니다. 이런 경우, 미국 대학에 지원을 할 때 어떠한 도움이 되나요? 혹은 한국 대학에 진학할 때도 도움이 되나요?

Answer 025

D.E 프로그램은 학문적인 우수성을 입증할 수 있는 최적의 방법 중 하나입니다. 그래서 명문학교에서 점차적으로 D.E 프로그램을 도입하고 있습니다.

"어, 저희 학교는 왜 D.E가 없을까요?" 하는 학생들도 있겠죠? 네. D.E는 대학교 수업을 고등학교 때 배우면서 그 학점을 고등학교 졸업할 때, 그리고 대학에 진학할 때 동시에 인정받는 대학교 레벨의 수업이기 때문에 이 과정을 가르칠 수 있는 선생님이 있어야 합니다.

많은 고등학교에서 AP는 있지만, D.E가 없는 게 바로 그런 선생님이 없기 때문입니다.

D.E 수업을 들었고, 그 수업의 점수가 잘 나온 경우, 학업 우수성이 높다는 것을 증명할 수 있고 대학의 학점을 미리 획득했다고 인정받게 됩니다. 특히 미국 대학에 지원할 때 어려운 과목에 도전했다는 점에서 유리한 평가를 받고 더 나은 지점에서 시작할 수 있습니다.

잠시 다른 얘기를 하자면, 미국의 과학고 중에는 모든 커리큘럼이 대학 수업으로 이루어져 있어서 고등학교를 졸업할 때, 준학사 학위(Associate Degree)를 획득하고 관련 전공으로 대학을 진학하는 경우, 조기졸업까지 가능할 수도 있습니다.

단, 한국 대학에 지원할 때에는 입학 사정을 위한 참고사항은 될 수 있지만 대학의 학점으로 인정을 해주는 학교는 아직 없습니다.

미국에서 약대를 졸업한 다음에 한국에서 약사가 될 수 있나요?
미국 약대에 가려면 뭘 준비해야 하나요?

미국 약대는 기본적으로 대학원에서 학업을 진행하게 됩니다. 가장 일반적인 케이스는 4년 학부 과정에서 생물이나 화학을 공부한 이후, PCAT 시험을 치른 다음 약대 대학원에서 4년을 공부하는 과정입니다.

그러나 이렇게 8년을 공부하지 않고도 진행할 수 있는 방법들이 있습니다.

- 2년 동안 학부에서 Pre-Pharm 공부를 해서 약대 대학원에서 요구되는 선수과목들을 집중적으로 공부한 후, 4년제 약대 대학원에 가는 방법이 있습

니다(학업 기간은 학교에 따라 조금씩 차이가 납니다).
- 처음부터 약대 대학원에 가기로 약속하고 학부를 들어가는 0+6 제도도 있습니다.

  이런 경우는 특별히 PCAT 시험을 요구받지 않고, 일정 점수 이상의 GPA를 만족하면 약대 본과로의 진학이 가능합니다.

약대를 진학하고자 하는 학생들은 고등학교 때의 우수한 내신도 중요하고 높은 공인 점수도 중요하지만, 직업 체험(Job Shadowing)을 통해 전공 적합성에 대한 부분들을 어필하는 것도 중요합니다.

Job Shadowing은 멘토나 캠프를 통해 진행됩니다. 약대 진학 희망 학생은 미리 공인 시험을 준비하고, 마지막 여름에는 이러한 경험들로 본인의 자격 요건을 채우는 스케줄을 추천합니다.

이렇게 미국 약대 대학원을 졸업하면 미국 약사 시험을 볼 자격 조건이 주어집니다. 순서대로 나열하면, 기본적인 NAPLEX 시험에 응시하여 50% 이상 득점해야 통과할 수 있습니다. 이후에는 인턴을 한 다음 약사법규 시험을 다시 보고, 이를 통과하면 정식 약사가 될 수 있습니다.

한국에서 약사 자격이 있는 사람이 미국 약사가 될 수 있는지에 대해서 문의를 하는 경우가 많지만, 미국 Pharm. D를 한 다음에 한국에 돌아오는 걸 묻는 경우도 가끔 있습니다. 이 경우에도 약사 시험을 다시 봐야 하며, 다음과 같은 조건을 충족해야 약사 면허 시험에 응시가 가능합니다.

- 약학을 전공하는 대학을 졸업하고 약학사 학위를 받은 자. 단, 졸업예정자의 경우 이듬해 2월 이전에 학위 등록을 필한 자이어야 하며, 만일 이 기간 내에 학위등록을 필하지 못한 경우 합격이 취소됩니다.
- 보건복지부장관이 인정하는 외국의 약학을 전공하는 대학을 졸업하고, 외국의 약사 면허를 받은 자.
- 당시 보건사회부장관이 인정하는 외국의 약학대학에 재학 중인 자는 그 해당 대학 졸업자.

자세한 상황은 변경될 수 있으니, 보건복지부 내의 공고를 확인하고 진행하기 바랍니다.

미국에서 의대를 가고 싶습니다.
근데 유학생들은 의사가 될 수 없다고 하기도 하고, 또 누구는 유학생도 미국에서 의사가 될 수 있다고 하네요. 진실은 뭔가요?

답은…… 일단, 가능은 합니다.

미국의 의대 역시 일반 학부 과정(혹은 pre-Med 과정)에서 공부를 한 후, MCAT 시험을 거쳐 의학대학원인 Medical School을 가게 됩니다. 이렇게 미국 의학대학원에서 학업을 수료한 후 USMLE(United States Medical Licensing Examination)를 통해 미국 의사 면허를 취득하게 됩니다.

그 이후 J1 Visa를 통해 인턴 및 레지던트 활동을 마친 후, H Visa 신청을 하여야 정식으로 미국에서 의사로 일하게 됩니다.

학부에서 Biology 전공을 하면서 높은 성적을 받은 후 MCAT를 거쳐서 의대 대학원 4년 과정인 MD를 진행하는 게 일반적인 루트입니다.

이렇게 하면 의사가 될 수는 있는데, 〈보스턴 코리아〉의 기사 발췌 내용(2014년 11월 3일자)을 보면 다음과 같습니다.

> 미국의학대학협회(AAMC: Association of American Medical Colleges)에서 작년에 발표한 조사 결과에 따르면, 미국 의학대학원에 재학 중인 의대생은 총 83,424명이었다. 그중 스스로 Asian origin이라고 밝힌 학생은 18,530명으로 약 22% 비율이다. 하지만 origin은 말 그대로 동양계 미국인이라는 이야기일 뿐이고, 실제로 시민권이나 영주권이 없는 유학생 신분은 1,559명으로 전체 의대생 중 2%도 되지 않는다. 그나마 1,559명 중 약 70% 이상이 미국과 유사한 의학 교육 과정이 있는 캐나다 출신이기 때문에, 한국계 미국 시민권자가 아닌 순수한 한국 유학생 출신의 미국 의대생이 얼마나 적은지 가늠할 수 있을 것이다.
>
> [중략]
>
> 실질적으로 유학생의 의대 진학이 훨씬 더 어려울 수밖에 없는 이유가 또 있다. 미국의 141개 의학대학원 중 반 이상이 미국 시민권이나 영주권이 없으면 원서조차 받지 않는다. 기본적으로 주립대학교 산하의 의학대학원

은 주 정부에서 교육 예산을 받기 때문에, 굳이 유학생에게 높은 수준의 의학 교육을 제공할 의무를 느끼지 않는다. 즉, 대부분의 주립대학교 의학대학원은 유학생을 받을 이유도, 여유도 없는 것이다.

사립대학교라고 하더라도 사실 사정은 비슷하다. 미국 국민이 아닌 이상 정부에서 받을 수 있는 여러 장학금 혹은 보조금 지원, 심지어 학자금 대출조차 기회가 없고, 결국 유학생에게 들어가는 교육 비용은 대학 측에서 그 부담을 떠안아야 한다. 실제로 많은 사립 의대가 유학생 스스로 학비를 조달할 수 있다는 증명, 즉, 4년치 의대 수업료(약 2억5천만 원 상당)를 예탁 계좌의 형식으로 등록할 때 요구한다.

결국, 한국 유학생이 시민권이나 영주권 없이 미국 의학대학원에 입학하는 것은 '가능'하지만, '불가능에 가까울 정도로 힘들다'라는 수식어가 붙는 것이다.

'유학생이 미국에서 의사 되기'란 바늘구멍이라고 표현해도 무방할 듯합니다. 원칙적으로 갈 수 있기는 하지만, 현실적으로 도전이 수월하지 않기에 요즘은 "미국 이외의 대학에서 공부하고, 미국의료면허시험(USMLE)을 볼 수 있는 곳은 어디입니까?"라는 질문이 많습니다.

예를 들면, 카타르 코넬 의대(Weill Cornell Medicine-Qatar)나 카리브해에 있는 그레나다(Grenada)의 세인트 조지 대학교(St. George

University) 의대를 졸업하면, 미국의료면허시험(USMLE)에 응시가 가능합니다.

미국 의사 면허를 취득할 수 있는 다른 방법들도 있으니, 꼭 미국 의사가 되고 싶다고 하면 길고 험난한 길이지만 다양한 방식으로 도전해 보기 바랍니다.

미국 대학 믿고 가는 방법,
미리 알고 가는 게 해법이다!

Part 2

장학금 및
재정 보조(Financial Aid)

공통지원서(Common App)를 준비하는 학생인데요, FAFSA라는 걸 신청하라는 안내 메일이 계속 와요. 이거 신청하면 장학금을 받을 수 있다던데 어떻게 준비하나요?

　FAFSA의 경우는 학교에서 주는 장학금이 아니라, 연방정부의 주정부 지원 보조금(Free Application for Federal Student Aid)입니다. 그러므로 FAFSA는 F1 유학생들에게는 해당되지 않습니다. 본인이 영주권자나 시민권자 신분이라면 FAFSA 지원서를 통해 신청이 가능합니다.

　자격 조건과 마감 기한을 확인한 후, FAFSA 신청이 가능합니다. 영주권자 신분 이상이 아니라면 내학교에서 제공해주는 Merit Based Scholarship, 혹은 Need Based로 자격 조건에 부합된다면 별도의 재정 보조를 신청할 수 있습니다.

UC 경우는 한국 학생들을 위한 장학금 조건이 별도로 있는 것처럼 학교에서 진행하는 장학금 혜택도 있습니다.

또한, 퀘스트브리지(Questbridge)의 Matches 프로그램을 통해 제한된 숫자의 유학생들에게 혜택이 돌아가기도 합니다. 조건은 아래와 같습니다.

_ National College Match : 지원 자격

현재 12학년 학생들 중 재정적으로 문제가 없는 성적이 좋은 학생들을 찾고 있습니다.

자격

2017년 National College Match에 지원하기 위해서는 2018년 전에는 졸업을 해야, 그해 가을 학기에 입학이 가능합니다.

QuestBridge National College Match는

- 미국 영주권, 혹은 시민권자
- 미국 영주권, 혹은 시민권자 아닌 학생 중 미국에서 재학 중인 학생

그 외 시민권자 조건

미국 학교에 재학 중인 학생들 중, 미국 영주권 혹은 시민권자가 아닌 학생들이 College Match를 통해 미국 대학 지원 및 전액 장학금 신청을 받아주는 학교는 한정적입니다.

학업 성취도

퀘스트브리지는 기본 학업 조건보다 우수한 학생들을 찾고 있습니다. 다음의 표는 지난 합격자들을 기준으로 작성되었으며, 절대적인 기준은 아닙니다.

학업 기준	
성적 및 고등학교 커리큘럼	대부분의 과정에서 'A' (보통 Honor AP, 혹은 IB 레벨 과정)
반 등수	상위 5 - 10%
공인 성적	SAT 혹은 PSAT 〉 1310 ACT 〉 28 AP, IB 혹은 SAT II 성적 제출 권장.
그 외	추가적으로 에세이를 통한 수준 있는 논술 능력, 지적 능력 및 선생님, 혹은 카운셀러의 추천서

재정 능력

최종 합격자들은 보통 4인 식구 가정의 연간 $65,000 이하 혹은 그 이하의 가정들입니다. 이에 해당하는 혹은 해당된다고 간주되는 학생들은 다음의 조건에 들어가는지 확인해야 합니다.

다음의 조건은 모든 가족의 소득을 기준으로 확인합니다.

- 연봉, 월급, 혹은 팁
- 사업 혹은 농가 소득
- 임대료
- 이자 혹은 배당금
- 퇴직 연금
- 위자료
- 자녀 보조금

이혼가정 혹은 홀부모가정 학생은 재정 확인을 위해서 양쪽 부모 모두의 소득이 확인되어야 양육권에 대한 부분이 확인됩니다. 단, 일정 기간 부모와 접촉이 없던 경우는 예외가 됩니다.

가족이 보유하고 있는 모든 재산을 기준으로 확인합니다.

- 주택 소유
- 사업 혹은 농가소유
- 현금 혹은 적금
- 투자금
- 그 외 재산

각 가정의 환경에 따라 확인됩니다.

- 가족 소득에 의해 부양되는 가족 수
- (가족 내) 대학에 재학 학생 수
- 실업 혹은 기타 소득 변화
- 무료급식을 받을 요건
- 위탁보호소에 있는 자
- 높은 의료비와 같은 비재량적 금융 의무가 있는 자

퀘스트브리지와 대학들은 최종 합격자들의 철저한 재정 상태를 확인하게 됩니다. 합격자들은 해당 학교에 공식 서류를 제출해야 합니다.

개별 상황

다음과 같은 지원자들의 상황도 같이 고려됩니다.

개별 상황	
부모의 학업 수준	최종 합격자 70%는 미국의 4년제 대학에 지원하는 첫 세대였습니다.
경감 사유	부모의 실직 혹은 부재로 인해 학생이 일을 하여 부모님의 세금, 혹은 다른 가족을 부양해야 하는 경우
수상 내역	과외 활동, 지역사회 활동에서의 역량과 리더십

　4인 가족 전체의 생활비가 $65,000 이하인 경우, 위의 성적 조건에 부합한다면 영주권자 신분이 아니더라도 미국에서 고등학교를 다니는 학생이라면 신청해볼 수 있습니다. 그렇기 때문에 11학년부터 확인을 해보라고 추천 드립니다.

　그리고 해외유학생 유치를 위해 장학금을 제공하고 있는 대학교들도 있습니다. 우수한 대학 중에서도 입학하기만 한다면 학비 50% 면제부터 시작하는 학교도 있습니다. 본인이 경쟁력이 있다면 미국 대학도 생각보다 적은 비용으로 가능한 방법이 있습니다. 찾는 자에게 길이 있습니다. ☺

Question 029

지원하면서 FA라는 말을 많이 들었는데 뭔지 모르겠어요. 축구 관련 얘기는 아니죠? 제가 아는 거라고는 그거 말고는 없어서……. 혹시 운동선수에게 주는 학자금 같은 건가요?

Answer 029

가장 귀여운 질문 TOP 10 안에 들어가네요. ☺ 그래도 반은 맞추셨네요. 학자금이라는 걸 짐작했으니까요.

대학에 지원하면서 FA란 글귀를 보았다면, 분명히 Financial Aid를 의미하는 겁니다. 학교에서 재정적인 지원을 해주는 부분을 의미합니다. 크게는 Merit Based Scholarship(성적우수장학금) 및 Need Blind/ Need Aware로 구성이 되어 있습니다. Need Blind와 Need Aware는 장학금 수여가 입학에 영향을 미치는시, 아닌지로 나뉜다고 보면 됩니다.

Need Blind 정책을 펴는 학교들은 당당하게 밝히고 있습니다. "우리 학교에 지원해, 우리는 재정적인 지원을 full로 해줄 수도 있어"라고 하는 학교들인 거죠. 예를 들면 하버드나 예일의 경우, 충분한 재정 보조로 잠재력이 높은 학생들을 선발하고 있습니다.

하지만 많은 미국 대학들은 재정적인 부분을 이유로 점점 더 Need Aware 정책으로 돌아서고 있습니다. 어느 것이 좋다, 나쁘다고 얘기하기는 힘들지만 미국 대학들은 우리가 생각하는 이상으로 우수한 인재를 선발하는 데 있어서 많은 혜택을 실제로 주고 있습니다.

Financial Aid 중에서 Merit Based Scholarship 취득을 위해서 내가 가지고 있는 자격 조건들을 충분히 파악하고, 그에 합당한 대학 지원 전략을 세우면 보다 많은 Financial Aid의 혜택을 받을 수 있을 겁니다.

지원하다 보니 장학금 혜택 중에 Need Blind/Need Aware라는 걸 봤어요. 차이점이 뭐에요?

간략하게 설명한다면, Need Blind는 학생의 재정 보조 요청 상황이 학교의 입학 결과에 전혀 영향을 미치지 않습니다. 예를 들어, 지원자가 이 학교에 가려면 재정적인 보조를 받아야만 하는 경우, 이 학교에서는 그 사실이 이 학생의 입학 결과에 어떠한 상관도 없습니다.

앞에서 언급한 것처럼 하버드(Harvard), 예일(Yale), 스탠포드(Stanford) 대학 같은 재정이 풍부한 대학은 아무 조건 없이, 말 그대로 Need Blind로 전액(full) 지원해주기도 합니다. 하지만 대다수 학교들은 Need Blind라 하더라도 학자금 대출이나 현실석일 수 없는 근로 장학금 조건(work and study option)을 통해야만 실질적인 재정 지원이 가능합니다(학교는 돈을 찍어내는 곳이 아니니까, 많은 학생들에게 재정 지원을 해주다 보면 개별 학생에게는 적은 비용의 혜택이 돌아가겠지요?).

반면에, Need Aware는 입학할 때 학생의 재정 보조 요청은 그 결과에 영향을 미칩니다. "어? 비용을 지원해 달라고? 이 신청이 입학 결과에 작용을 할 거야. 재정 보조를 해줄 만큼 자격을 갖추고 있니?"라는 내용입니다.

단, 이런 경우, 재정 지원을 받는 학생들은 별도의 조건 없이 제대로 받을 수 있겠죠. 재정 지원에 대해 엄격하게 대우하기 때문에, 적은 인원이지만 재정 지원만으로도 학비에 대한 부담이 덜어지는 제도입니다.

각각의 장단점은 있습니다. 완벽한 제도가 어디 있겠습니까. 그래서 두 가지를 결합한 프로그램을 사용하는 학교들도 있습니다. 최근에는 현실적으로 미국의 많은 대학들이 need aware 정책으로 돌아서고 있습니다(Need Blind 정책을 아직 고수하는 학교들은 Harvard, MIT, Yale, Princeton 등의 대학들입니다).

간혹 Need Based를 물어보는 경우도 있는데, 간단히 정리하겠습니다.

어드미션 결정 Need Blind 혹은 Need Aware.

지원 제공 결정 Need Based 혹은 Merit Based(필요에 의한 건지, 성적 우수에 의한 건지에 대한 기준).

학교에서 하나만 제공할 수도 있고, 복합적으로 제공할 수도 있습니다.

***예시** Need Blind로 입학 결정을 받은 학생이 Merit Based로 장학금을 받을 수도 있습니다(앞은 입학 결정의 조건이고, 뒤는 지원 보조의 형태니까요. 이해되시죠?).

미국 대학에 진학할 때, 전액 장학금도 가능한가요?

실제로 제 학생 중에 한 명이 M 외고 - 지금은 이름이 변경된 - 출신이었어요. 근데 학생은 유학을 너무 가고 싶었는데 부모님이 유학 비용을 지원하기엔 형편이 어려웠나 봐요. 그래서 이 학생은 본인 성적에 비해 좀 낮은 학교를 지원했어요. 그래서 학부 유학생인데도 전액 장학금을 받고 갔답니다(심지어는 생활비도 지원받았습니다).

아마 그 대학교 개교 이래로 가장 높은 성적의 지원자가 아닐까 싶었습니다. 소도시에 있는 주립대학이었는데 이 학생이 워낙 뛰어나다 보니, 이렇게 흔하지 않은 상황인 전액 장학금을 수여하면서 입학을 허락했습니다.

이 학생은 거기서 2년 동안 훌륭한 GPA를 받으면서 최소한의 비용으로 공부하고, Credit을 이수한 후 명문대학인 미시간 대학교(University of Michigan)로 편입(transfer)했답니다. 여기서 알 수 있겠지만, '나의 대학 지원 전략을 어떻게 잡을 것인가'라는 부분이 포인트입니다. 경제적인 상황에 주로 신경을 써야 한다면, 이 학생과 같은 전략으로 자신의 실력보다 낮은 대학에 간 후 편입을 노릴 수 있습니다. 혹은 높은 학교에 안정적으로 합격하기를 원하면, 장학금 제도와는 무관하게 입시 전략을 짜야겠지요.

$ 50,000이 넘는 미국 사립대학의 유학을 선뜻 결심할 수 있는 학생들은 사실 많지 않지요. 그러다 보니 미국 사립대학들은 다양한 방법으로 유학생들에게도 학비 보조를 할 수 있는 장학금 제도를 두고 있습니다. 학생 입장에서 선택의 폭이 좀 넓은 편이지요. 주립대학들은 아무래도 in state 학생을 위주로 하기 때문에 유학생에 대한 장학금 혜택이 크지 않습니다.

다행히 요즘 유학생 유치를 위해서 장학금 제도를 다양하게 활용하는 주립대학들도 늘고 있습니다. 대표적인 학교로는 일리노이 대학교-시카고 캠퍼스(University of Illinois-Chicago), 뉴욕 주립대학교(State University of New York), 캔자스 대학교(Kansas University) 등이 있습니다.

많이 알아볼수록 남보다 저렴한 미국 유학이 가능하겠지요?

Question 032

저는 인천 거주 중인 학부모입니다.
미국 대학 중에서 자매결연 도시 학생들이 지원하면
학비 보조를 해주는 곳이 있다고 들었습니다.
저희 아이가 미국 유학을 원하고 있는데
경제적인 이유로 진행을 못하고 있었습니다.
자매결연 도시의 학생은
학비 보조를 받을 수도 있나요?

Answer 032

현재 이렇게 프로모션을 하는 학교로는 University of Alaska와 Temple University가 있습니다. 한국 도시들과 자매결연이 맺어져 장학금 지급을 하거나 혹은 학비 절감의 혜택을 주고 있습니다.

그리고 인천 같은 경우는 동아시아 교육 허브여서인지, 위에 언급한 학교들 모두 인천시와 자매결연이 맺어져 있습니다. 질문하신 분의 자녀는 자매결연 도시 학생으로 학비 절감이 가능합니다. 단, 인천 거주자라고 해서 무조건 혜택을 주는 것은 아닙니다. 해당 학교에서 요구하는 입학 조건에 맞는 학생들 중, 인천 거주자에게 학비 중 일부를 감면해주는 겁니다.

그 외에도 많은 미국 대학들이 유학생이라도 입학과 동시에 need blind 장학금 신청을 가능하게 하거나, 성적 우수 장학금인 Merit Based Scholarship을 제공해주어 우수한 학생이 학업에 지장이 없도록 하고 있습니다.

특히 명문 대학에서 이러한 정책들이 돋보입니다. 입학과 동시에 50%의 학비를 면제해주는 올린 공대(Olin College)나 쿠퍼 유니온 대학(Cooper Union), 혹은 MIT나 RPI처럼 need based scholarship을 통해 학비 절감을 가능하도록 하는 학교들이 있습니다.

그리고 앞에서 언급되었던 Questbridge Matches 역시 유용한 프로그램이니 잊지 마세요. ☺

Question 033

저희 아이는 영주권자인데 FAFSA 신청을 하려고 합니다. 신청 조건이 뭔가 변경되었다고 하는데, 정확하게 뭐가 변경된 건가요?

Answer 033

조건보다는 기간에 대한 변경이 있었습니다. 2016-2017 학사 일정(Academic Year) 이후 원래 매년 1월 1일까지 신청하던 FAFSA가 훨씬 더 일찍부터 사용이 가능하게 되었습니다. 예를 들어, 2017-2018년 Academic Year의 신청일이 2017년 1월 1일이 아니라 2016년 10월 1일부터 접수하는 것으로 바뀌었습니다.

2017-2018년의 세금 보고(tax report) - 한국에서는 연말정산 - 의 경우는 2016년 세금 보고가 끝나지 않은 상황일 수 있습니다. 이런 경우에는 2015년 이후로의 세금 보고를 하면 됩니다.

부모님의 재혼같이 중대한 이유가 있다면 세금 변경 보고를 하겠지만, 그게 아니라면 2015년의 세금 정보로 FAFSA 신청을 하게 됩니다. 그리고, 그 당시의 자료를 바탕으로 선정이 될 예정입니다.

신청일이 빨라졌고, 마감일은 같은 상황입니다. FAFSA가 3개월 늘어났다고 보면 되는 상황이므로, 미리 신청해서 혜택을 받으시기 바랍니다.

Question 034

아이가 텍사스로 교환학생을 배정받았습니다. 유학원에서 하는 얘기가 텍사스에서 3년 이상 거주하면 텍사스의 대학으로 갈 때 지역 거주민 학비(in-state tuition)를 적용받는다고 하는데 사실인가요? 이렇게 된다면 학비가 1/4 정도 수준이라 미국에서 대학도 보낼 수 있을 것 같은데요?

Answer 034

미국은 연방 정부로 이루어진 국가입니다. 그래서 각 주마다 법이나 규칙이 다른 경우가 많이 있습니다. 텍사스의 경우, 유학생이라도 3년 이상 거주했다는 확인을 거치면 지역 거주민 학비(in-state tuition)를 적용받을 수 있습니다.

1) Graduated from a Texas public or accredited private high

school,

텍사스 주의 공립 혹은 인가받은 사립학교를 졸업해야 하고,

2) AND 2) Resided in Texas the 36 months immediately preceding the date of graduation or receipt of the diploma equivalent,

그리고 고등학교 졸업증명서 혹은 고등학교 졸업장과 동일한 자격 조건을 부여받기 이전 36개월을 텍사스 주 내에서 거주해야 합니다.

3) AND 3) Resided in Texas the 12 consecutive months preceding the census date of the academic semester in which the person enrolls in an institution is entitled to classification as a resident for tuition purposes.

그리고 학교에서 텍사스 거주자 학비로 인정받기 위해 분류를 하는 학사 일정 시점의 이전 12개월을 텍사스 주 내에서 연속적으로 거주해야 합니다.

이러한 조건에 해당하면 텍사스 학생들과 동일한 학비 적용을 받을 수 있습니다. 텍사스의 공립학교나 혹은 인증받은 사립학교에서 3년 이상 재학한 후 졸업을 하여야 하며, 대학의 학비 감면을 신청하

기 전까지 연속 12개월을 텍사스에서 거주하는 조건을 충족시켜야 합니다.

　단, 텍사스 내의 주립 대학들에서만 적용되므로 텍사스 내의 사립대학을 가는 경우라면 학교 측에 별도 문의를 하셔야 합니다.

　학생이 대학 진학까지 3년 이상의 기간이 남았다고 한다면 교환학생 후 텍사스에서 일반 유학으로 연장하면 텍사스 내의 주립대학은 in-state 적용이 되니, 다른 주의 유학생들에 비해 저렴한 학비로 대학 진학이 가능합니다.

저희 아이는 미국 시민권자입니다.
고등학교까지 한국에서 학업을 마치고 이번에
워싱턴 주의 커뮤니티 칼리지(Community college)를
보내게 되었습니다. 그런데 학교로부터
황당한 소식을 듣게 되었습니다.
학비를 외국 학생과 동일하게 적용한다고 합니다.
미국 시민권자의 이점이 사라지는 상황인데
지역 거주민 학비(in-state tuition)를
적용받을 수 없는 건가요?

기대와 다른 부분이 있어서 당혹스러우시겠네요. 미국의 주정부 재원으로 운영되는 커뮤니티 칼리지(community college)들은 지역 주민들의 교육 기회 상승을 위해 많은 노력을 하고 있습니다.

특히, 나라를 위해 일했던 군인 및 그 가족들, 지역의 저소득층에게 돌아가는 교육의 혜택 그리고 납세 의무를 성실히 했던 지역 주민들에게 주정부 재정 보조의 기회를 크게 늘리고자 최선을 다하고 있습니다.

커뮤니티 칼리지의 경우, 지역 주민들의 세금이 기본이 되다 보니 state need grant라거나 financial aid를 심사할 때 미국 교육부 기준에 따라 철저하게 관리 및 감독되고 있습니다.

미성년 신청자의 경우, 부모 혹은 법적 후견인이 미국에 세금을 낸 기록이 확인되어야 하고, 해당 지역에 일정 기간 이상을 거주한 기록이 있어야 지역 거주민 학비(in-state tuition) 적용을 받을 수 있습니다.

안타깝지만, 현재 상황에서 상기 기록들이 없으면 지역 거주민 학비를 적용받을 수 없습니다. 하지만 이후 학생이 현지에서 거주하고, FWS(Federal Work and Study) 프로그램에 참여해서 지역 사회에 공헌하면 적용받을 수 있는 것들이 있을 겁니다. 학교의 규칙을 확인하고 혜택을 받을 수 있도록 미리 준비하는 게 좋겠네요.

미국 대학 믿고 가는 방법,
미리 알고 가는 게 해법이다!

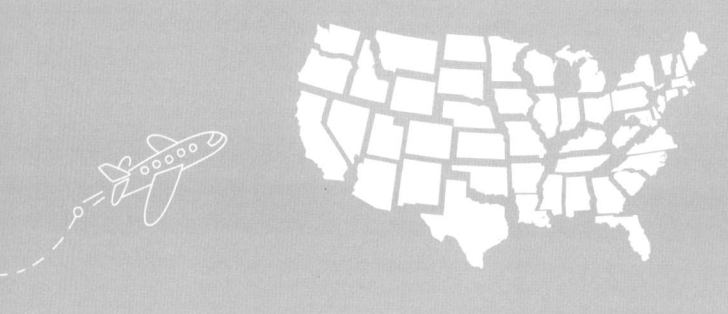

Part 3
미국 대학 편입학

Question 036

지인 자녀가 2년제를 거쳐 4년제 대학을 가면서 학비도 저렴하게 갔다는 얘기를 들었습니다. 이게 가능한가요? 좀 더 자세하게 알려주세요.

많은 미국 학생들이 실제로 사용하고 있는 방법입니다. 사립대학교의 학비는 미국 학생들도 감당하기 힘든 경우가 많습니다. 연간 $40,000-50,000이 넘어가다 보니 생활비 포함 $70,000-90,000까지도 생각하여야 합니다. 4년간 이 비용을 다 댄다면 얼추 3-4억이 넘어가겠지요.

그래서 많은 학생들이 2년 동안은 비용이 저렴한 커뮤니티 칼리지(Community College)에 다니면서 전체 비용을 줄이고 나서, 주립이나 사립대학교 등으로 편입하고 있습니다.

커뮤니티 칼리지의 경우는 학비가 대략 $6,000-15,000 내외이기 때문에, 학교 선택만 잘된다면 생활비를 포함해서 2천만 원 안팎으로 유학이 가능할 수 있습니다.

실제로 저희 학생들 중에서 시애틀 근교의 커뮤니티 칼리지로 가서 저렴한 비용으로 학교를 다니다가 워싱턴 대학교(University of Washington)나 워싱턴 주립대학교(Washington State University)로 편입한 친구들도 많았고, 다른 주의 명문 사립대학교로 진학한 친구들도 많습니다.

특히 UC(University of California)를 목표로 삼는 학생들 중에는 학점 인정이나 학점 상승을 위해 전략적으로 캘리포니아 내의 커뮤니티 칼리지를 가는 경우도 급증하고 있습니다.

UC 학교들 역시 편입보장프로그램을 통해서 TAG를 맺고 있는 학교에서 일정 정도의 GPA를 획득하면 자동적으로 편입을 허락해주고 있습니다. 원하는 UC에 편입하기 위해 미리 들어야 하는 과목을 커뮤니티 칼리지에서 이수할 수 있도록 CC 카운슬러들 역시 TAG 프로그램에 신경을 많이 쓰고 있습니다.

보스턴 칼리지(Boston College)는 2년제인가요? 좋은 학교라고 하던데 왜 칼리지(college)에요?

해마다 몇 분씩 같은 질문을 합니다. ☺ "보스턴 대학교(Boston University)가 더 좋은 학교 아니냐? 보스턴 칼리지(Boston College)는 2년제 칼리지(College) 아니냐?"라고 문의를 하세요.

리버럴아츠 대학(Liberal Arts College)에 대한 답변을 Question 009 에서 보면 될 것 같습니다만, 그래도 다시 한번 간단하게 설명을 드리겠습니다.

미국 대학은 크게 2년제 커뮤니티 칼리지(Community College)와 4년제 대학교(University)로 나눌 수 있습니다.

2년제 칼리지는 지역(Community) 내의 주민들을 위해 취업에 관련된 실용적인 훈련을 제공하거나, 4년제 편입 준비를 목표로 하는 교육기관입니다.

College는 4년제 단과대학을 의미하며, University는 4년제 종합대학교라고 보면 됩니다. 그런데 역사가 오래된 학교들의 경우, 종합대학교로 확대되기 전부터 사용하던 이름을 계속 사용하는 경우가 있습니다. 보스턴 칼리지(Boston College) 역시 현재는 명문 사립종합대학교인데도 전통을 지키고자 명칭을 College로 유지하고 있습니다(먼저 설립된 Boston University가 있었기 때문에 바꾸기 곤란했겠죠?).

보스턴 칼리지(Boston College)는 보스턴 대학교(Boston University)보다 입학 기준이 좀 더 까다로운 명문대학교입니다. 단순히 이름만으로는 커뮤니티 칼리지(Community College)의 2년제인지, 4년제 대학인데 이름만 칼리지(College)인지 쉽사리 구별을 못하겠다면 언제든지 문의해주세요.

UC Berkeley로 편입하고 싶어요.

UC 계열 학교들이 인기가 상당히 많습니다. 그만큼 신입, 편입 할 것 없이 입학하기가 어렵습니다. 기본적으로 갖추어야 하는 것들은 다음과 같습니다.

_ 학교에서 요구하는 선수 과목

- 2과목의 영작 수업
- 1과목 이상의 수학 수업
- 4과목 이상의 일반 과정 수업(최소 2과목 이상은 해당 전공 분야 중 택하셔야 합니다.)
  - 인문과학

- 사회과학

- 물리&생물 과학

(예를 들면 화학 3과목 + 역사 1과목, 혹은 사회과학 2과목 + 물리 1과목, + 예술사 1과목, 생물 1과목+인문학 3과목)

이런 식으로 선수 과목들을 C 이상 학점으로 이수해야 합니다. 편입 가능한 학점들로 Semester 기준 60학점 정도를 이수해야 하며, 최소 2.8 이상은 되어야 편입 기준을 맞출 수 있습니다(UC Berkeley의 경우는 기준이 더 높기 때문에, 학점 이수에 대해서 좀 더 신경을 쓰셔야 합니다).

9월 편입을 생각하면 봄 학기까지는 필요 선수 과목 이수를 마쳐야 합니다. UC Berkeley 편입을 생각한다면 가장 중요한 부분은 본인의 학점 관리입니다. 대부분의 학생들이 3.7~3.8 이상의 성적으로 편입을 시도하기 때문에 - 캘리포니아의 지역 거주민이 아니라면 - 경쟁력 있는 지원자가 되려면 이 정도 학점은 기본으로 이수해야 합니다. 그리고 필요 과목들을 적절하게 이수하도록 스케줄을 잘 잡아야 합니다.

UC 계열의 학교들은 캘리포니아 주의 커뮤니티 칼리지(Community College)에서의 편입보장제도(Tag, Transfer Admission Guarantee)

프로그램을 통해 선수 과목들을 미리 준비할 수 있으며, 그 학점을 인정받을 수 있는 효율적인 프로그램을 진행하고 있습니다.

저희 학생들 중 다수의 학생이 UC 편입을 목표로 한국에서 다니던 대학교를 중퇴하고 캘리포니아의 커뮤니티 칼리지를 갔습니다. 그곳에서 성실하게 편입 준비를 하여 UCLA 및 다른 UC 계열 진학에 성공한 사례가 있습니다.

아이비리그 대학에서 편입을 받아주나요?

아이비리그 대학들도 학교에서 편입(Transfer Admission)에 대한 공지는 합니다만, 실질적인 편입 입학률 자체는 높지 않습니다. 그나마 코넬(Cornell)이 18.6%로 가장 높은 편입 입학률을 보이고, 하버드나 스탠포드는 1%도 안 되는 합격률을 보입니다. 또 예일(Yale)의 경우는 2.2%, 유펜(UPenn)은 8.43%의 편입 합격률을 보여주고 있습니다.

프린스턴은 편입이 불가능한 학교라고 알려져 있었으나, 2018년 9월을 기점으로 소규모로 편입 학생들을 선발하기 시작했습니다. 랭킹이 높은 대학일수록 입학할 때 학점과 에세이, 그리고 SAT 등의 공인 점수에 대한 요구 조건이 까다롭습니다. 추천서 역시 중요한 역할을 합니다.

한국 대학 편입과 미국 대학 편입, 뭐가 다른가요?

　한국 대학 편입의 경우, 우선 엄청난 경쟁률을 먼저 언급해야 할 것 같습니다. 학교나 전공에 대한 차이가 있지만, 일반 편입의 경우 60-70:1 이상의 경쟁률은 기본입니다. 게다가 '영어 성적+기존 대학 학점+면접+전공 필기'까지 요구하는 학교들도 있습니다. 즉, 상당히 오랜 기간 노력해서 고득점을 내야 합니다.

　미국도 경쟁률의 차이는 있지만, 아무래도 학교가 많다 보니 선택 가능한 학교들이 많다고 할 수 있습니다. 그리고 대부분 미국 대학의 편입은 면접이나 전공 필기시험은 요구되지 않으며, 다니던 학교의 GPA가 평가의 가장 중요한 수단입니다. 또한 추천서와 에세이를 통해 다른 영역들을 평가합니다.

덧붙이자면, 모집 시기 자체도 다르죠? 미국 대학은 일반적으로 연 2회입니다. 9월 학기 마감은 3-4월, 그리고 1월 학기 마감은 10-11월 사이에 합니다.

한국 대학은 12월 편입을 기본으로 하고 있습니다.

자세한 사항은 학교의 편입 인원 모집이나 일시를 통해 확인해 보시기 바랍니다.

한국 대학과 미국 대학의 편입은 그 시기나 요구하는 시험, 입시 내용에 차이가 있는데, 간략하게 정리해 보자면 다음과 같습니다.

중요도	미국 대학	한국 대학
영어	TOEFL - 최소 요구 점수 이상	공인 시험(TEPS, TOEFL 등) - 높을수록 유리
GPA	가장 중요 - 학점이 낮으면 편입에 불리	높을수록 유리
별도 시험	학점이 부족할 때 SAT 요구 가능성	전공에 따라 별도 전공시험 요구
Essay	중요함	자소서 준비
추천서	2-3부	1부 이상

편입 준비를 할 때 필요한 내용은 뭐가 있어요?

앞에서도 간략하게 UC Transfer에 대한 기준을 밝히기는 했습니다. 한 번 더 요점을 정리한다면, 2년 안에 선수 과목을 맞추는 것이 가장 중요합니다.

특히 같은 전공을 하는 경우라면 인정받을 수 있는 학점(transferable credits)이 넘치지 않게 조절을 하는 것이 필요합니다('학교에서 60 transferable credits이 넘으면 받지 않겠어!'라기보다는 학교에서 받아줄 수 있는 최대 편입 학점이 60 credits 정도라고 봐야 합니다. 괜히 더 많이 듣고, 시간 투자를 더 많이 할 필요가 없다는 겁니다).

허용된 시간 안에 가장 효율적으로 선수 과목들에 대한 이수 계획을 잡아야 합니다.

- **학점 유지를 어떻게 하느냐가 관건입니다.**

결국 GPA로 승패가 좌우된다고 봐야 합니다. 내 GPA에 따라서 갈 수 있는 학교가 바뀐다고 생각하셔야 합니다.

- **언제 편입 시도를 할 지 결정해야 합니다.**

그 시기에 따라 본인이 준비하는 내용이 달라집니다.

- **에세이가 승부처다.**

어느 정도 입학 사정 범위 안에 들어간다면 에세이가 중요한 역할을 합니다. 왜 지원하는지, 이 학교가 본인에게 잘 맞는지, 본인의 목표(GOAL)가 무엇인지 잘 드러난 에세이는 필수 조건입니다.

편입률이 높은 학교 리스트가 궁금합니다.

아무래도 학생 수가 많은 대학이 편입 입학률이 높은 편입니다.

일리노이주립대-어바나 샴페인(UIUC)의 경우는 일반적으로 40% 이상의 편입 성공률을 자랑하고 있습니다(collegetransfer에 따르면 UIUC의 2016년 편입 성공률은 63%였습니다만, 이는 갑자기 상승된 수치입니다. 그 동안은 40% 정도 선을 유지하고 있었기 때문에, 그 정도 수준이라고 생각하면 되겠습니다).

밴더빌트 대학교(Vanderbilt University) 역시 32%로 편입 입학률이 높은 편이며, 미시건 대학교(University of Michigan)도 35.7%를 보이고 있습니다.

서던캘리포니아 대학교(University of Southern California- USC)의

편입 성공률은 30.4% 정도입니다. 하지만 USC의 경우, 점점 편입 성공률이 낮아지고 입학 기준 자체가 까다로워지고 있는 학교 중 하나입니다.

또한 노스캐롤라이나 대학교 채플힐캠퍼스(University of North Carolina-Chapel Hill)의 경우도 44% 정도의 편입 성공률을 보이고 있습니다.

하지만 단순히 편입 성공률 수치만으로 편입 전략을 잡을 수는 없습니다. 여러 번 설명했듯이, GPA가 일정 수준에 올라온 학생들이 편입을 시도하고 있다는 사실을 명심해야 합니다. 본인이 그 수준에 미달한 경우라면 이와 같은 입학 확률은 전혀 의미가 없는 숫자입니다.

학점이 어느 정도인지, 관련 전공이 어떤지, 요구 사항에 대해 준비가 되었는지 최대한 객관적인 판단을 한 이후 이 숫자들을 생각하기 바랍니다.

아래의 표는 편입(transfer) 비율이 높은 대학들이니 참고 바랍니다.

학교 이름	전체 지원자수	입학 성공 비율
센트럴 플로리다 대학교 (University of Central Florida)	6,299	65%
캘리포니아 주립대학교 노스리지 캠퍼스 (California State University-Northridge)	5,835	57.3%

대학교		
텍사스 대학교 알링턴 캠퍼스 (University of Texas – Arlington)	5.697	85.3%
플로리다 인터내셔널 대학교 (Florida International University)	4.882	74.9%
휴스턴 대학교 (University of Houston)	4.674	82.4%
캘리포니아 주립대학교 풀러튼 캠퍼스 (California State University – Fullerton)	3.973	38.9%
산호세 대학교 (San Jose State University(CA))	3.882	68.7%
텍사스 주립대학교 (Texas State University)	3.842	80.2%
캘리포니아 주립대학교 롱비치 캠퍼스 (California State University – Long Beach)	3.833	33.3%
노스텍사스 대학교 (University of North Texas)	3.756	76.4%

Question 043

대학 2학년을 마치고 군복무 중인 학생입니다.
편입을 생각 중이며 한국, 미국 어디로 갈까
저울질하고 있는 중입니다.
미국 대학을 더 생각하는데 미국 대학은
3학년으로 올라가기 어렵다고 합니다.
사실인가요?

Answer 043

현재 한국에서 수학 중이시고 꼭 3학년으로 편입해야겠다면 한국 대학을 고려하는 게 좋겠습니다. 미국 대학의 경우, 현재 편입을 한다면 2년간 공부한 모든 학점을 다 인정받고 3학년으로 진학하기 힘듭니다. 한국 대학에서 배운 과목들이 미국 대학에서 요구하는 선수 과목과 잘 맞고 C 이상의 성적을 받아야 인정이 되는데, 본인이 공부했을 대학 1학년의 교양 필수 과목들(예: 한국어의 이해, 철학 개론) 같은 경우는 인정하지 않을 가능성이 높습니다.

물론 1학년 때 들어야 하는 필수 과목들이 미국에도 존재합니다. 미국 학교 간에도 편입할 때 학점이 인정되지 않는 경우도 있습니다. 예를 들어, 우리 학교에서 '생물 실험 168(BIOL 168)'을 들었을 때, 편입할 학교에서 같은 전공 수업이 없거나 동일하다고 판단되지 않는다면 그 과목은 인정을 못 받습니다(물론 학교마다 수강 과목 번호나 수강 과목 구성은 다르기 때문에 예를 든 겁니다).

혹은 '생물 실험 168(BIOL 168)'을 들었고, 저 학교에서는 이 과목을 '생물 실험 180(BIOL 180)'과 동일하게 적용해줄 수 있다고 확인이 되었는데 성적이 D였다? 그러면 이 과목도 인정을 못 받습니다. 이런 식으로 내가 지원하는 학교에서 전공을 하기 위한 선수 과목을 들었는지, 그리고 그 선수 과목들이 학교에서 요구하는 내용에 부합하는지, 그 학점이 몇 점인지 등을 꼼꼼하게 따져서 인정받은 학점을 알려줍니다.

이전 학교에서 20학점 받은 학생이 편입하면서 3학점만 인정받고 완전히 신입생처럼 들어간 경우도 있었습니다. 4학년 1학기까지 마친 학생 중에서 3년 인정받고, 1년만 더 듣게 된 경우도 있었습니다.

저는 현재 평균 학점이 3.3이 나옵니다. 아이비리그 대학으로 편입하고 싶은데 방법이 없을까요? (참고로 현재 미국 명문 주립대학교에 재학 중이고, 더 높은 사립대학교로 편입을 희망합니다. 현재 44학점 이수했습니다.)

상당히 힘든 도전이 되겠네요.

우선 학교에서는 전체 총 평점(cumulative GPA)을 우선적으로 보기 때문에, 높은 학교를 지원하려면 지원 전에 여름학교(summer school)를 들어서라도 전체적인 학점을 올리기를 추천 드립니다. 온라인 수업을 통해 학점 취득을 하는 것도 방법입니다.

시간과 비용을 더 투자해서라도 더 많은 학점을 들으면 전체 학점을 올릴 수가 있겠죠? 그렇게 되면 전체 GPA가 올라가게 될 거예요.

너무 크게 걱정하지는 마세요. 대부분 대학이 전체 학점이 아닌 Transferable credits에 대한 제한이 있는 겁니다(물론, Junior Level standing을 벗어난다면 안 받는 학교들도 있지만, 노려볼 수 있는 대학으로 안내해 드리겠습니다).

미국에도 학사 편입이 있나요?

미국의 경우, 학사 학위가 있고 다시 학교를 가는 학사 편입 과정을 second degree라고 부릅니다. 한국처럼 4학년 마치고, 다른 학교의 3학년 편입으로 보장되어 있는 과정과는 그 의미가 조금 다릅니다.

일반적인 미국 대학에서는 second degree를 받지 않는 학교들이 많습니다. 몇몇 전공을 제외하고는 second degree는 허용하지 않는다고 하기 때문에, 학교마다 상세 내역을 확인해야 합니다.

같은 전공으로 학교를 변경하기 위해 옮기는 경우는 거의 허락되지 않으며, 처음 학사 학위와의 전공이 달라질 때는 제한적으로 허용을 하고 있습니다.

예를 들어 UC 계열의 경우 버클리(Berkeley)는 화학만, 데이비스(Davis)는 공대만, 산타바바라(Santa Barbara)는 creative studies만 허락을 해주고 있습니다. 그리고 다른 계열들의 경우엔 학사 편입은 받지 않는다고 명시하고 있습니다(전공이 다르더라도 안 받는 경우가 있으니 유의하기 바랍니다).

하지만 학교에 따라 second degree를 허용해주는 학교도 있고, 전공에 따라 - 예를 들면 간호학의 경우는 많은 학교들이 Second Degree를 허용하고 있습니다 - 허용이 되는 경우가 있으니 본인의 전공과 희망 학교에 따라 진행 계획을 잘 잡아야 합니다.

TAG가 뭐예요?

TAG는 Transfer Admission Guarantee(편입보장프로그램)의 약자입니다.

1980년대 초반부터 캘리포니아 칼리지들 사이에서 시작된 프로그램으로, 해당 주의 주립대학교 진학을 체계적으로 준비하기 위한 프로그램입니다. 캘리포니아 칼리지들의 UC 계열 학교 편입률이 90%를 넘는 걸 보면 충분히 그 영향을 짐작할 수 있습니다.

주립대학교에서 필요한 선수 과목을 미리 듣고, 일정 정도의 학점을 유지하면 입학이 보장되는 과정입니다.

최근 들어, UC 계열 6개 캠퍼스-데이비스(Davis), 어바인(Irvine), 리버사이드(Riverside), 머서드(Merced), 산타바바라(Santa Barbara), 산타크루스(Santa Cruz) 캠퍼스 및 캘리포니아 주립대학교(California

State University) 계열의 학교들, 시애틀(Seattle) 지역의 대학들 역시 TAG 프로그램을 도입하고 있습니다.

목표하는 대학에 대해서 학점 낭비 없이 최단 시간에 효율적으로 준비하고 싶은 경우, TAG 프로그램은 입학 보장을 해준다는 점에서 상당히 매력적인 프로그램이라고 할 수 있습니다.

한국에서 3학년 마쳤는데, 미국 대학으로 편입하려고 해요. 가능한가요? 늦어서 안 되나요?

    미국 대학의 편입은 학년이 아니라, 인정 가능한 학점을 따집니다. 따라서 학교, 희망하는 전공에 따라 차이가 많이 납니다. 일반적으로 미국 대학에서 요구하는 선수 과목들을 한국 대학교에서 다 제공하지 않기 때문에, 미국 대학 편입을 할 경우 수학 기간이 늘어날 가능성이 높습니다.

    한국에서는 현재 2학기만 마치면 졸업을 하는 상황이죠? 그러나 미국 대학으로 진학을 하는 경우, 선수 과목 매칭(matching) 여부에 따라 이수해야 하는 학점이 한국에 비해 더 많아질 수 있습니다. 다시 말해, 1년 만에 졸업을 하기 힘들 확률이 높습니다.

이런 경우라면 한국에서 1년 만에 졸업을 하고, 그 사이 준비해서 미국 대학원을 가는 걸 고려해 보는 게 어떨까요?

더 높은 학위를 준비할 수 있고 시간을 효율적으로 쓸 수 있습니다.

3학년 마치고 미국 대학으로 편입한다면, 같은 학사 학위를 받기 위해 더 많은 시간을 들여서 준비해야 할 확률이 높기 때문입니다. 좀 더 넓은 시야로 멀리 바라보길 바랍니다.

편입할 때 준비할 서류는 어떤 종류가 있나요?

학교마다 요구 사항이 다릅니다. 일반적으로는 다음과 같이 준비하는 것이 기본입니다.

- 학교의 지원서 및 지원비
- 고등학교 졸업증명서, 성적증명서(일정 학점 이하인 경우에는 필수입니다.)
- 고등학교 이후의 모든 학교에 대한 성적증명서(전문대, 대학 포함)
- 공인 영어 시험 결과(80-100점까지 학교마다 요구 기준이 다릅니다.)
- 기타 공인 시험 결과(학점 이수가 부족한 경우, SAT/ACT를 요구할 수 있으며, AP 제출할 때 전공에 따라 해당 과목의 이수를 인정해줍니다.)

- 에세이
- 추천서
- 기타 전공 과정에서 요구되는 보강 서류

학교에 따라 이력서를 추가하는 경우도 있고, 전공에 따라 포트폴리오 등을 더 요구할 수도 있습니다.

미국 간호사가 되려고 편입을 생각합니다. 무슨 방법이 있을까요?

간호사 프로그램(Nursing Program)의 경우는 많은 대학들에서 세컨드 학위(second degree)를 열어주고 있습니다. 다른 분야 전공을 한 경우, 간호학으로 다시 학사 학위 이수를 받을 수 있다는 뜻입니다. 본인이 이미 졸업했고 학사 학위 소유자인지, 혹은 현재 관련 분야를 공부하는 학생인지에 따라 차이가 있습니다.

현재 관련 분야를 이수하는 학생이라고 가정하고 답변을 드린다면, 다음과 같습니다.

- 최소 3.0 이상의 학점(Nursing 전공의 경우, 어느 학교나 입학 기준점이 높은 편입니다. 학점이 낮으면 경쟁력이 현저히 낮아집니다.)

-BSN 편입에 성공하려면 학교에 따라 차이는 있지만, 일반적으로 3.5-3.7+/4.0은 되어야 경쟁력이 생깁니다.
- 공인 영어 점수(외국 학생이기 때문에 토플 점수는 필수입니다.)
- 성공적인 선수 과목 이수

<EX> 캘리포니아 대학교 어바인 캠퍼스 간호학 편입 선수 과목
(UC Irvine Nursing Transfer Prerequisites)

선수 과목 (Prerequisite)	UC 어바인의 수강 과목명 (Course Title at UC Irvine)	학점 (Units)	부연 설명 (Comments)
순차적인 일반화학 (General Chemistry Series)	Chem 1A / 1B / 1C	12 total	최소 2학기나 3쿼터의 수업 진행 필요, ABCD 성적표기 필수 (Need two semesters or three quaters. Must be a letter grade)
유기화학 (Organic Chemistry)	Chem 51A	4	ABCD 성적표기 필수 (Letter grade)
기초통계 (Basic Statistics)	Math7 / Stat7 / Stat8	4	ABCD 성적표기 필수 (Letter grade)
유전학 (Genetics)	Bio Sci 97	4	ABCD 성적표기 필수 (Letter grade)
생화학 (Biochemistry)	Bio Sci 98	4	ABCD 성적표기 필수 (Letter grade)
미생물학 (Microbiology)	Bio Sci M122	4	ABCD 성적표기 필수 (Letter grade)

미생물학 실험 (Microbiology Lab)	Bio Sci M118L	4	ABCD 성적표기 필수 (Letter grade)
인간생리학 (Human Physiology)	Bio Sci E109	4	ABCD 성적표기 필수 (Letter grade)
생리학 실험 (Physiology Lab)	Bio Sci E112L	3	ABCD 성적표기 필수 (Letter grade)
인간해부학 (Human Anatomy)	Bio Sci D170	6	ABCD 성적표기 필수 (Letter grade)
심리학 개론 (Intro to Psychology)	Psych 7A	4	ABCD 성적표기 필수 (Letter grade)
사회학 개론 (Intro to Sociology)	Soc 1	4	ABCD 성적표기 필수 (Letter grade)
철학 (Philosophy)	Phil 4 / Phil 5	4	ABCD 성적표기 필수 (Letter grade)
공중보건 (Public Health)	Ph 1	4	ABCD 성적표기 필수 (Letter grade)

이밖에도 에세이, 그리고 보충 지원서 등 학교에서 요구하는 부분들을 맞춰야 합니다. 학교에서 요구하는 선수 과목을 시간 내에 맞추지 못하면 좀 더 조건이 덜 까다로운 학교를 찾아볼 수 있습니다.

미네소타 대학교(University of Minnesota)의 경우는 아래 7개의 선수 과목을 이수하면 지원 자격이 생깁니다.

- Freshman Writing (신입생 작문)

- General Chemistry (일반화학)
- General Biology(waived if either Microbiology and A&P I, or A&P I and II, are completed before the start of the program)
  (일반생물: 만약 수업 시작 전에 미생물학과 해부 생리학 I 혹은 해부생리학 I과 II를 들은 경우는 면제됩니다.)
- General Psychology(일반심리학)
- Lifespan Growth & Development(생명과 성장발달)
- Anatomy and Physiology I(cannot be more than 10years old)
  해부생리학 I(10년 이내의 수강 과목만 가능합니다.)
- Human Nutrition(영양학)
  (자세한 내용은 학교에서 다시 확인해야 합니다. 과목명만 기재를 했기 때문에 부연 조건은 별도 확인이 필요합니다.)

관련 전공을 한 경우, 큰 무리 없이 내용을 맞춰서 지원이 가능할 것이라고 예상됩니다. 그 동안 저희 학생들은 한국의 간호대학 출신이면 크게 문제가 없었습니다. 단, 아직 못 들은 과목들은 미리 준비를 하고, 학교에서 수강이 불가능한 경우라면 온라인 강의나 미국 칼리지(college)에서 제공이 가능한지 확인해 보는 것이 좋습니다.

Question 050

미국 대학 재학 중입니다.
편입을 하려고 보니 선수 과목을
맞추지 못했습니다. 지원 하는 게 의미가 있을까요?
선수 과목을 못 맞추면 지원하나 마나 아닌가요?

Answer 050

우선, 학점을 더 이수하는 것이 힘든 상황인가요?

대부분의 학교들은 편입 지원 마감까지 선수 과목을 마치지 못했더라도 지원 학기가 시작하기 전까지 선수 과목을 마치면 되도록 유예 기간을 두고 있습니다.

일단 학교에서 요구하는 부분이 일정 GPA 이상인지, 그리고 내가 수강했던 과목들이 인정받을 수 있는지 Equivalency Table을 이용해서 확인을 해보는 게 급선무입니다(학교 사이트에서 확인할 수 있는 경우가 많습니다).

또한 어드바이저와 상담을 통해 확인을 해보는 것도 중요합니다. 어떤 학교는 엄격하게 최소 선수 과목이기 때문에 지켜야 한다고 강력하게 얘기하는 반면, 또 어떤 학교는 Non-matriculated/No Degree seeking 학생으로 선수 과목을 이수하고 입학신청을 하도록 권고하기도 합니다. 간혹 조건부 입학 허가(Conditional acceptance)를 해주거나, 학교에서 요구하는 부분을 맞출 때까지 입학 유예를 하는 경우도 있습니다.

이렇게 다양한 경우가 있기 때문에 1. 선수 과목을 이수할 충분한 시간이 있는지 / 2. 이수 과목이 동일한 조건에 해당하는지 확인 절차를 거치는 게 좋겠습니다.

(전공 변경을 하는 경우가 아니라면 선수 과목을 못 맞추는 일이 흔하지는 않습니다. 대부분의 미국 학교는 비슷한 전공 과정이라면 편입하기 수월하도록 배려하거나, 혹은 수업 완료 기간을 학기 시작 전까지로 늘려주기 때문에 크게 문제 되지는 않습니다. 만약 위의 조건에 해당하지 않는다면 별도로 문의해주기 바랍니다.)

미국 약대로 편입하려고 합니다. 가능한가요?

일단 미국 약대의 시스템에 대해서 간단하게 설명을 드려야, 미국 약대 편입에 대한 이해도가 높아질 듯합니다.

미국 약대의 기본 골격은 대학원입니다.

1. 학부 과정 4년 + 대학원 Pharm D. 4년 과정으로 구성된 경우

학부 과정에서 화학(Chemistry)이나 생물학(Biology) 수업을 들으면서 경력을 쌓고, 학점을 유지하고, PCAT 시험을 보면서 대학원 진학 준비를 합니다.

이러한 과정 중에 있다면 일반 대학 편입 과정과 동일한 절차를 거쳐서 학부로 편입하고, 대학원 진학을 준비하게 됩니다.

2. Pre Pharm 2년 + 대학원 4년 과정으로 구성된 경우

대부분 한국의 이수 학점으로는 pre pharm의 선수 과목 이수를 맞추기 힘든 경우가 많으며, 미국 대학(칼리지(College)보다는 4년제 대학교(University) 과정)의 수업을 듣는 것을 더 추천 드립니다.

4년 동안 배워야 하는 과정 중에서 약대에 필요한 선수 과목만 모아 놓은 상황이기 때문에, 한국에서의 이수 학점이 조건에 부합하기 힘든 경우가 많습니다. 그리고 대부분의 약학 예과(pre pharmacy) 유학생 지원자들의 경우, 학교의 요구 조건이 아니라도 본국에서 학사 학위를 가지고 지원을 하는 경우가 많습니다.

3. 0+6 프로그램, 대학교 입학에서부터 약학 본과(Pharm D)가 결정된 경우

이런 경우는 고등학교 졸업 이후부터 미국 약대 대학원에 가기로 약속하고 공부를 하는 경우이기 때문에, 엄밀히 말하면 편입이라는 개념이 없습니다. 0+6의 학교라면 신입학으로 들어가야 합니다.

미국 약대 편입의 경우, 기본적으로는 고등학교의 학점, 대학교의 학점(대부분 요즘 2+4 지원자들의 경우는 관련 분야의 학사 학위 소지자가 많습니다. 경쟁력 있는 지원자가 되고 싶다면 졸업을 하고 2+4 프로그램을 지원하는 것이 좋습니다.), 영어 점수, 관련 분야 경력, 에세이 및 추천서 등을 제출하는 것이 기본입니다.

  1번의 경우를 제외하고는 딱히 편입이라고 얘기를 하기 힘들 것 같네요. 2, 3번은 졸업을 했다 하더라도 신입학으로 생각하고 다시 시작해야 하는 경우가 많습니다.

 Question 052

한국에서 지방에 있는 대학을 다닙니다.
잘 알려진 학교는 아니라서
이름은 밝히지 않을게요. 한국 학교를 관두고
미국 대학으로 가고 싶은데,
한국 대학교의 인지도가 영향을 미칠까요?

 Answer 052

    요즘 미국 학교들은 한국의 대학에 대해 많이 알고 있습니다. 한국 유학생들이 많고, 기간이 오래되었기 때문에 예전에 비해서는 한국 학교들에 대한 정보가 많아졌습니다(과학의 발전도 한몫 했습니다. 이제는 어지간한 한국 대학 리스트가 드롭다운 메뉴(drop-down menu)로 나올 정도로 한국에 대한 데이터가 많아졌습니다).

    다음 예가 도움이 될 듯하네요.

    같은 해에, 같은 미국 학교를 지원하는 학생들이 있었습니다. 한 명은 서울에 본교를 둔 지방 캠퍼스에서 4.3/4.5를 받는 학생이었고, 한 명은 국내 최고 명문 대학인 S대에서 2.8/4.3을 받는 학생이었습니다.

결과는?

4.3/4.5인 지방 분교를 다니는 학생의 합격이었습니다.

학교가 어디든 현재에 충실하게 학점 관리를 하고, 학업적인 가능성을 높게 보여준 학생이 유리하다는 것을 증명한 단적인 예였습니다.

또 하나의 예로, 미시건 대학교 앤아버(University of Michigan-Ann Arbor) 편입에 성공한 학생이 있습니다. 이 학생은 미국 주립대학교 중 잘 알려지지 않은 학교에서 - 이 학교는 그 동네 사람들밖에 모르는 그런 산골짜기의 주립대학교입니다 - 전액 장학금으로 다니던 학생이었습니다. 이 학생의 GPA가 3.98/4.0이었습니다. 네, 합격했습니다.

지금 현재의 학교가 유명한 학교가 아니라고 해서 기죽을 필요가 없습니다. 성적 관리를 잘했고, 학교에서 필요로 하는 조건을 잘 맞춘다면 지금의 학교가 어디든 자신 있게 준비하기 바랍니다.

미국 커뮤니티 칼리지 중에서 편입을 잘 시키는 칼리지가 있나요?

네, 있습니다. 편입을 잘 시키는 대학들은 분명히 존재합니다.

미국 커뮤니티 칼리지의 경우, 편입 보장 프로그램이 있거나 그 주의 주립대학 편입에 필요한 내용을 미리 공부할 수 있게 하는 등 편입을 중요하게 생각하는 칼리지들이 있습니다.

학교 이름을 다 대기는 힘들지만, 요즘 편입을 잘 시키는 칼리지로 급부상하고 있는 학교는 캘리포니아의 새들백 칼리지(Saddleback College), 디앤자 칼리지(De Anza College), 오렌지 코스트 칼리지(Orange Coast College) 등이 있으며 시애틀 근교의 그린리버 칼리지(Green River College), 하이라인 칼리지(Highline College)도 꾸준히 대학 편입(transfer)을 잘 시키고 있습니다.

전통적으로 잘 보내는 산타모니카 칼리지(Santa Monica College), 산타바바라 칼리지(Santa Barbara College), 어바인 밸리 칼리지(Irvine Valley College)도 눈에 띄네요.

위 학교들의 공통점은 대부분 TAG 프로그램을 이용한다는 점입니다(TAG 관련 설명은 **Q** Question 046 에 있습니다). 저렴하고 효율적인 미국 대학 편입을 생각한다면, TAG 프로그램을 이용한 대학 진학 프로그램을 추천합니다.

미국 고등학교 나와서 미국 대학 진학을 했습니다. 군 제대하고 편입하려고 하는데 SAT 다시 봐야 하나요?

SAT를 필수로 요구하는 학교로 편입할 예정인가요?

아니라면 편입에서 요구하는 학점이 부족한가요?

이런 경우가 아니라면 SAT를 다시 볼 필요는 없습니다.

컬럼비아 대학교는 이전에 SAT/ACT 시험을 본 적이 있으면 편입할 때 그 점수를 고려합니다. 그러나 필수 사항이 아니기 때문에 다시 봐서 제출할 필요는 없습니다(여기서 팁! 점수가 좋은 학생들은 제출을 하시는 게 유리합니다).

하버드나 예일 같은 학교는 편입학 사정에서 SAT/ACT를 필수로 요구하고 있습니다. 따라서 SAT/ACT 시험을 다시 보거나, 봤던 점수를 내야 합니다.

　본인이 현재 몇 학점을 어떻게 이수했고 전공은 무엇을 했는지, 앞으로 무슨 전공을 할 예정이고 무슨 수업을 더 들을 건지 확인이 되면 SAT의 시험 필수 여부에 대한 보다 정확한 정보를 알려 드릴 수 있습니다.

　내가 가고 싶은 학교에서 요구하는 부분이 무엇인지, 그리고 언제까지 얼마나 준비해야 하는지, 어떻게 해야 내가 경쟁력 있는 지원자가 되는지 등등 세세한 부분에 대해 현실적으로 파악하기 힘들기 때문에 편입 학생들의 경우에도 전문 컨설팅이 필요하다고 할 수 있습니다.

Question 055

FIT에 너무 가고 싶은 학생입니다.
FIT 다니고 있는 선배님으로부터
FIT AS 가지고 있으면 대학 갈 때
유리하다는 얘기를 들었습니다.
이게 무슨 말인가요?

Answer 055

FIT는 패션(Fashion) 학계에서는 최고(top)의 학교 중 하나입니다. 뉴욕 주립대 계열이라 학비가 저렴하고, 실용적인 학문을 통해 취업을 미리 대비하는 학교로 유명하죠. 특히 FIT는 한국 학생회의 활동이 활발하다 보니, 새로 오는 학생들의 적응에도 큰 도움을 주고 있습니다.

FIT는 자격증(Certificate) 과정, 준학사 과정(Associate Degree), 학사 과정(Bachelor Degree)으로 나뉘어 있습니다.

FIT 학사 편입은 다른 학교의 학사 소지자에게도 문이 열려 있는 편입니다.

토플 점수 80점 이상, 최소 학점 B 이상 그리고 강력한 포트폴리오가 준비되어야 경쟁력이 생깁니다.

특히 학사 편입의 경우는 선배에게 들은 내용이 맞습니다.

현지 FIT 학교에서 2년제 준학사(Associate Degree) 과정을 준비했다가 학사 과정으로 편입하는 경우, 입학 진행에 있어서 조금은 더 유리한 부분이 있습니다. 그러다 보니, 외부 학사 편입의 경우는 좀 더 치열한 것이 사실입니다.

학점이 우수하고 강력한 포트폴리오를 준비할 수 있다면 학사 편입을 목표로 할 수 있습니다. 그러나 아직 포트폴리오 준비가 미흡하다거나, 학교 지원에 대한 전략을 잘 파악하지 못한 경우에는 미술 유학 전문 컨설팅 도움을 받기 바랍니다.

편입 지원은 언제까지 해야 하나요?
그리고 결과 발표는 언제 하나요?

 대부분의 편입 지원은 봄 학기 10-11월 마감, 가을 학기 3-4월 마감이라고 생각하면 됩니다.

 편입 심사는 짧게 2-3주 걸리는 학교들도 있으나, 대부분 6-8주 정도 걸립니다. 2월 중순이 원서 마감인데, 6월 1일 결과 발표(decision notification)를 하는 학교도 있습니다.

 UC 계열은 3-5월 사이에 결과 발표를 하고 있으며, 많은 학교들이 6월 전에 결과를 발표합니다.

 제 학생 중 한 명은 지원하는 학교에서 결과가 나오지 않아, 차선으로 생각했던 학교로 결정하여 입학 허가서를 받고 비자 진행을 했습니다. 출국 준비까지 다 마친 상황에서, 떠나기 이틀 전에 원래 희망

학교에서 합격 통보가 오는 바람에 다시 처음부터 모든 업무를 처리하기도 했습니다. 결국 7월 중순에 합격 연락이 왔던 겁니다. 아마 대기 명단(wait list)에서 풀린 것으로 추측됩니다. 아무튼 학생과 부모님은 더할 나위 없이 만족해서 모든 업무 처리를 반복하는데도 싱글벙글 했답니다. ☺

미국 대학 믿고 가는 방법,
미리 알고 가는 게 해법이다!

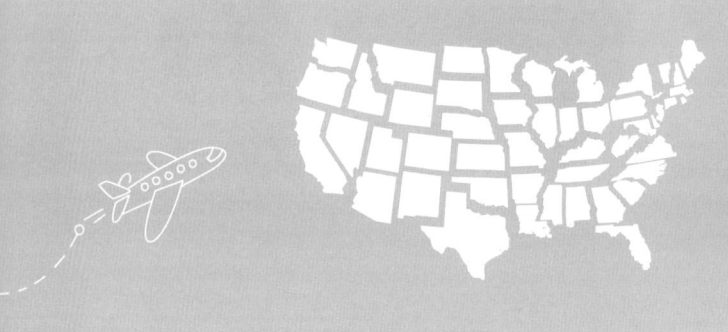

Part 4
미국 대학 컨설팅

컨설팅이 뭐예요?

컨설팅의 사전적인 의미로는 그 분야의 전문가들이 고객을 상대로 도움이 될 만한 상세한 조언을 주는 행위를 말하고 있습니다.

저희는 여기서 좀 더 의미를 확장해서 생각하고 싶습니다. 조언을 건넸을 때 좋은 방향으로 변화할 수 있는 시간적인 여유가 있는지, 그만한 능력이 되는지를 파악하고 구체적인 목표 설정과 개선 방향을 잡아주는 것까지가 진정한 컨설팅이라고 생각합니다.

예를 들면, 미국 대학을 지원하는 12학년 학생들은 컨설팅이 필요 없다고 생각됩니다. 앞으로 이 대학이 전망이 좋고, 저 대학을 가기 위해 무엇을 해야 하고…… 등등 얘기들이 실질적으로 의미가 없기 때문입니다.

왜일까요?

12학년은 지원서를 쓰기만 하는 학년이기 때문에, 실질적으로 변화가 생기는 부분들이 극히 적습니다. 특히 수시전형으로 EA, ED를 지원하는 학생은 12학년 시작 후, 한 달 만에 원서를 마무리해야 합니다. 이런 학생들의 경우는 컨설팅이 아닌 지원서 점검만 도움을 받을 수 있을 것입니다.

11학년은 그나마 컨설팅이 가능합니다.

현실적인 목표를 잡고 그에 해당하는 시험 준비 및 비교과 활동 사항, 에세이라든지 기타 목록들을 챙기려면 1년 정도 변화 가능한 시기가 남아 있습니다. 이런 상황에서는 컨설팅을 바탕으로 본인의 현실 가능한 목표를 이룰 수 있습니다.

10학년 학생이라면 그 꿈의 폭이 더 넓어질 수 있겠죠. 시행착오를 겪더라도 다시 돌아올 수 있는 시간인데다가, 다양한 활동들을 할 수 있을 만한 시간적인 여유가 있으니까요.

컨설팅의 의미, 이해가 되었나요?

진학 컨설팅은
누가 받으면 좋을까요?

　컨설팅은 기본적으로는 미국에서 공부를 하고 있는 9학년 이상의 학생이라면 다 필요하다고 할 수 있습니다. 10, 11학년 학생들에게는 매우 절실하게 도움이 될 것입니다.

　한국에서 미국 대학을 겨냥하는 고1, 2 학생들이나 국제학교에 다니면서 IB 시스템으로 공부하는 학생들도 컨설팅이 효과적일 수 있습니다. 미국 및 해외 각국 대학에 대한 정보가 종합적으로 필요하기 때문입니다.

　미대를 준비하는 학생들의 경우, 미국, 영국 등의 학교에 대하여 포트폴리오 준비부터 차이점을 염두에 두고 준비해야 하므로 컨설팅이 필요합니다.

약대나 치대를 생각하는 학생이라면 9학년부터 컨설팅을 통해서 체계적으로 진학 준비를 하는 것이 가능성을 높일 수 있습니다.

12학년 학생 혹은 한국 고3 학생이라면 컨설팅보다는 현재 본인들이 가지고 있는 상황을 바탕으로 가장 효과적인 원서 프로그램을 찾아보기 바랍니다.

컨설팅이 왜 필요한가요?

솔직히 미국의 대학 중 100위권 이하를 생각하면서 컨설팅을 받는 학생들은 많지 않습니다. 대부분 최고 대학으로 진학하는 것을 목표로 삼고, 학교에서 해줄 수 없는 실제 입학에 필요한 상황들, 매년 달라지는 입학생 스펙에 대한 상세한 정보를 바탕으로 무엇을 준비해야 하는지 구체적으로 알아보고 싶은 학생들에게 필요합니다.

미국 아이비리그, 혹은 뉴엘리트 스쿨들의 입학률이 점점 치열해지는 현실이고, 전 세계 각국에서 미국 대학에 대한 지원자가 늘어나면서 매년 경쟁률이 올라가고 있습니다. 단순히 학교 성적이 좋다거나, 공인 시험 점수가 높다고 입학을 낙관하던 것은 먼 옛날 일이 되었습니다.

컨설팅을 받는 이유는 본인이 희망하는 드림 스쿨(dream school)을 가기 위해서 가장 최근의 정보를 얻을 수 있기 때문입니다. 정형화되어 있지 않아서 늘 변하는 대학 입시 경향에 대해서 학생은 평생 처음 준비하지만, 전문컨설턴트들은 매년 입시 전략과 씨름하고 있기 때문입니다.

저희 학교에는 입시 담당 카운슬러 선생님이 있습니다. 그래도 컨설팅이 필요한가요?

　대부분 미국 고교의 카운슬러 선생님은 유학생보다는 미국 학생들의 진학에 대해 좀 더 우선적으로 입시 정보를 취합하고 있다고 봐야 합니다. 미국 학생들은 생각보다 명문대학에 대한 절실함이 적고, 자기 주의 대학으로 많이 진학합니다.

　그래서 카운슬러 선생님도 자기 해당 주의 학교들에 대한 정보가 더 풍부한 편이어서, 아이비리그급 명문 대학들에 대해서 처음부터 목표 의식을 가지고 컨설팅을 받기는 어렵습니다. 아울러 개별 학생에 맞추기보다는 일반적인 입시 지도를 하고 있는 경우가 많습니다.

　카운슬러 선생님이 1. 본인만을 위한 카운슬러 선생님이 아니라는 점, 2. 유학생들에게 필요한 엑스트라 조건에 대해 충분히 숙지하고 있는지에 대한 점, 이 두 가지를 확인한 후 학교 입학 카운슬러 선생님의 도움을 받기 바랍니다.

반면, 한국의 사설 컨설팅 기관들은 한국 학생이나 부모님들의 요구 조건에 따라, 미국 명문대학 입학 전략에 대해 유학생들 위주로 철저히 맞춰진 경우가 많습니다.

컨설팅은 언제부터 시작하는 게 좋은가요?

만약 미국 아이비리그나 뉴엘리트 스쿨 말고도, 홍콩 대학이나 싱가포르 대학 등 해외의 명문대학을 같이 고려한다면 AP 과정을 별도로 준비해야 합니다. 그런데 11학년 5월에 갑자기 다수의 AP 시험을 준비하기는 어렵습니다.

10학년/11학년을 나눠서 시험을 준비해야 하는 경우도 있고, 공인시험을 미리 준비한 후 Summer Program을 진행해야 하는 경우도 있기 때문에,

- 학습에 대한 가능성이 보이는
- 미래의 전공 범주를 대략 잡을 수 있는

- 공인 시험 준비가 가능한 영어 실력이 갖춰진
- 책을 읽을 여유가 있는

9, 10학년부터 컨설팅을 시작하는 것이 가장 효과적이라고 추천 드립니다.

GPA가 떨어지더라도 회복할 수 있는 시간적인 여유도 있고, 목표를 상향으로 잡고 그에 맞게 다양한 선택이 가능하기 때문입니다.

Question 062

무슨 시험을 봐야 할지도 모르겠고,
자기소개서를 써야 하는데 내가 가진 장점을
내가 모르겠어요.
이런 것도 컨설팅이 되나요?

Answer 062

요즘 대학들의 입학사정은 매년 그 치열함이 더해갑니다. 종합적 검토(Holistic review)를 진행한다고 하지만, 현실적으로 그 많은 지원자들의 모든 서류를 상세하게 보기 힘든 것도 사실이지요. 그러다 보니 학교에서 눈여겨볼 수 있는 점수까지 안착을 해야 하는 것이 급선무가 되었습니다. 즉 학점과 공인 시험입니다. 그 다음, 학교에서 눈여겨볼 수 있는 그 무언가는 보다 더 계획적일 필요가 있습니다. 전략적으로 준비해야 한다는 것입니다. 이 점에서 컨설팅이 필요한 것입니다.

컨설턴트의 주요 역할 중 하나는 학생에 대하여 파악하고 분석하는 일입니다.

이 학생이 어느 분야가 강점이고 어떤 점이 약점인지, 이 학생에게 적절한 시험은 무엇인지, 언제까지 그 시험을 성취해야 하는지, 원하는 학교를 가려면 몇 점 정도의 점수가 필요한지 등의 컨설팅을 통해 학생이 원하는 목표까지 함께 가는 것이 컨설팅인 것입니다.

의외로 학생, 혹은 부모님 등 입시 당사자는 본인의 장점, 특히 원하는 대학을 향해 전략적으로 강조해야 할 장점에 대해서 스스로 파악하기 어렵습니다.

아울러 컨설팅은 학생의 장점을 살릴 수 있는 다양한 외부활동 기회(올림피아드, 경시대회 등)의 포착, 참가 방법 등에 대해서도 가이드하여 일관된 스펙을 유지하도록 도울 수 있습니다.

심지어 학생들 중에는 공인 시험 준비를 하는데 등록마감일을 놓치고 당황하는 경우도 흔합니다. 컨설팅은 시험 등록일 및 그 시험을 치는 것의 유/불리, 언제, 몇 번 보는 것이 좋은지에 대한 구체적인 계획까지 함께 수립하는 것입니다.

12학년 올라가는데, 학교 선택도 고민이지만 어떤 전공을 할지 모르겠어요. 어떻게 골라야 하죠?

입시컨설턴트가 10학년 때부터 컨설팅한 학생이라면 파악이 용이합니다. 학생의 인성과 적성 검사를 통한 성향 분석, 각 과목 성적의 강점과 약점 파악, 시험 준비 상황, 학생의 흥미 분야 등을 고려해서 이후 전망이 좋은 학과 및 직업, 그 공부를 하고 난 이후의 직업진로(career path), 부모님의 희망 및 경제적 사항들에 대해 소상히 알기 때문입니다.

학생들에게 추천이 가능한 전공, 그 전공에서 배우는 내용, 제4차 산업 이후 미래 비전이 있는 직업 등에 대한 정보들을 꾸준히 제공할 것입니다.

그러나 12학년에 와서 컨설팅을 하려는 경우 이미 준비된 스펙에 맞는 대학 지원을 하는 것이 급선무라, 이런 경우는 10학년부터 봐오던 학생들처럼 세밀하게 컨설팅하는 것이 수월하지는 않습니다.

그리고 컨설팅이란 중요한 결정에 있어서 본인의 시간과 열정에 대한 낭비를 줄이는 데 가치가 있습니다. 최선의 선택을 할 수 있도록 꾸준한 상담을 통해서 컨설팅으로 지출되는 비용보다 미래의 기회비용을 더 크게 얻는 데 의미가 있는 것이지요.

이러한 맥락에서 꾸준한 상담과 관계없이, 즉 학생에 대한 깊은 정보가 없는 상태에서 "무슨 전공을 선택해야 하나요?"라고 할 때 손쉽게 답변하기는 어려울 것 같습니다.

Question 064

성적을 망쳤는데, 이런 것도 컨설턴트의 도움을 받을 수 있나요?

Answer 064

네, GPA를 보완하는 다양한 방법이 있습니다.

- 국내에서 공부하는지, 해외 유학생 출신인지
- 몇 학년인지
- 망친 과목을 Retake 하더라도 이후 시간표에 문제가 생기지 않는지
- 상위 과목들이나 외부 수단으로 대체를 할 수 있는 내용들이 있는지
- GED나 검정고시로 대체를 해야 할 정도인지

등등 사안의 경중을 따져서, 어떤 선택이 가장 좋을지 객관적으로 도움을 주는 것이 컨설팅의 한 영역이라 할 수 있습니다.

그렇다고 시험을 대신 봐주지는 않겠지요.☺

컨설팅을 받았더니 결과가 좋았다는 실제 사례를 알 수 있을까요?

필자의 개인적인 실적을 밝힌다는 것은 겸연쩍은 일입니다만, S군의 코넬 대학교(Cornell University) 합격, L군의 에모리 대학교(Emory University) 합격, J군, P양의 컬럼비아 대학교(Columbia University) 합격, S군의 게이오(Keio) 대학교 합격, O군의 와세다(Waseda) 대학교 합격, B양의 쿠퍼유니온 대학교(Cooper Union University) 합격, K군의 올린(Olin) 공대 합격, M군의 미시건 대학교 앤아버 캠퍼스(University of Michigan-Ann Arbor) 합격, P학생의 서던 캘리포니아 대학교(University of Southern California) 합격, 그 외에도 일리노이 대학교 어바나 샴페인(UIUC), 캘리포니아 대학교 계열(UC 계열), 텍사스 대학교(University of Texas), 워싱턴 대학교(University of Washington), 퍼

듀 대학교(Purdue), 보스턴 대학교(Boston University) 등 30-70위권 대학의 합격자들은 너무 많아서 말할 수도 없고, 그 밖의 대학은 언급을 하지 않아도 될 것 같습니다(학교 이름을 나열하는 것은 큰 의미가 없다고 생각합니다).

이 사례들의 공통점은 본인이나 부모님이 기대했던 것 이상으로 진학 결과가 좋은 점입니다.

중요하게 생각해야 할 것은 "이 학생이 가진 능력에 비해 좋은 결과를 이끌어낼 수 있도록 효율적인 과정이 있었는가?"라는 점입니다.

- 위험 부담을 감수하고서 도전을 해도 가능한 성적인지에 대한 파악
- 학생이 성장하고 발전할 수 있는 특장점에 대한 점검
- 지원 전략에 대한 논의 및 고찰
- 학생이 잘 모르는 대학별 입시(admission)에 대한 정보를 바탕으로, 학생의 능력이 최대치로 발휘될 수 있는 접근이었는지를 검토합니다.

단순한 예로, 캐비어를 가지고 떡볶이를 만들었을 때, 그 떡볶이가 아무리 맛이 좋다고 하더라도 그걸 자랑한다는 것은 어불성설입니다. 그 캐비어는 더 고급 요리가 되어야 했습니다(물론, 떡볶이 비하 발언은 아닙니다☺).

컨설팅이 주안점을 두는 부분은 '학생이 우수하든, 혹은 우수하지 않든지, 본인이 잘 모르는 학교의 입시에 초점을 맞춰 학생들이 최대의 능력을 제대로 발휘했는가'입니다. 잘된 컨설팅이란, 숨겨진 잠재력을 찾아주는 과정이라고 할 수 있습니다.

해외에서 공부하는데
컨설팅을 받을 수 있나요?

네, 가능합니다. 과학의 발달은 이런 곳에서도 확연하게 드러납니다. 저희 학생들의 80%가 이미 미국에서, 혹은 해외의 국제학교에서 공부하고 있는 학생들입니다. 한국에서 진행하는 학생들도 있기는 하지만, 한국 내신과 토플을 같이 병행하는 국내 학생들이 오히려 얼굴 보기 더 힘든 느낌입니다.

해외 학생은 대부분 메신저 및 메일을 사용해서 연락을 취하고 있으며, G.사의 워드 작업 역시 에세이를 보기에 최적화된 시스템이라 애용하고 있습니다. 국내 대부분의 미국 유학 컨설팅 업체들은 해외에 있더라도, 인터넷이 가능하면 한국에 있는 학생들과 동일한 컨설팅 서비스를 제공할 수 있다고 보면 됩니다.

미대 컨설팅을 받고 싶은데, 포트폴리오는 어떻게 봐주나요?

 기본적으로 미국 대학의 미대는 스킬 자체를 보는 것이 아니라, 독창성(originality)과 창의성(creativity)을 중점적으로 보기 때문에 학생의 창의적인 영역을 키우는 준비를 해야 합니다.

 한국 입시 미술 실기를 준비하듯이 매일 화실을 다니면서 준비하지 않아도 됩니다. 실제로 미국의 고등학생들은 스스로 본인들의 아이디어를 구상하고 발전시켜서 포트폴리오 작품을 만들고 있으니까요.

 따라서 미대 컨설팅은 직접 손을 붙들고, 대신 그림을 그려주거나 하지 않습니다(포트폴리오에 직접 손을 대주는 컨설팅 업체는 피하기 바랍니다. 학생의 미래를 망치는 경우입니다).

 대신, 미국 미대 재학생이나 기졸업생 멘토를 연결시켜서 본인이 진행하고 싶은 학교 선배들의 생생한 체험담을 참고로 합니다. 이와 같이 '이 학교는 이렇다'라는 전반적인 상황, '이 학교 입시 준비의 팁', '미대 졸업 이후의 진로' 등을 통해 전반적인 사항들을 알려주는 것은 좋은 미대 컨설팅 기관이 할 일입니다.

포트폴리오에 대해서도 본인이 아이디어를 낼 수 있도록 자극하는 역할, 본인의 아이디어와 작업에 대한 객관적인 평가를 통해서 업그레이드 하도록 지원하는 것이 미대 컨설팅의 기본입니다.

아예 컨설팅을 먼저 받고, 유학을 갈지 결정해도 될까요?

컨설턴트라면 당연히 '강추'하는 케이스입니다.

대학 및 진로라는 목표 앞에서 고등학교는 그 초석이 되어주는 기관입니다. 학생의 성향에 맞는 고등학교로 진학하는 것은 컨설팅을 받으면 필연적으로 따라오는 상황입니다.

예를 들어, 학생이 미술 전공을 하고 미대를 가고 싶은 경우라면 미술 실기가 특화되어 있는 학교로의 진학이 유리합니다.

공대에 대해 관심이 있는 친구라면 STEM Designated 되어 있는 학교를 추천하는 것이 맞을 것이고, 홍콩이나 싱가포르 대학에 대한 관심도가 높다고 한다면 IB 제도를 사용하는 학교를 추천받아야 할 것입니다.

성적에 대해 우선순위를 두는 대학교를 가고자 한다면 GPA를 쉽게 받을 수 있고, 학업 우수성에 대한 가중치에 대해서 준비가 될 수 있는 고등학교를 찾아야겠지요.

공인 시험 준비를 좀 더 신경 써야 할 학생이라면 이러한 기관들이 주변에 있는 지역의 학교를 추천받고, 비교과 활동 증진을 통해 진로 선택을 하고자 하는 학생이라면 보딩스쿨 또는 엑스트라 엑티비티가 원활한 학교로 추천받을 수 있을 것입니다.

컨설팅을 먼저 받고 로드맵을 짜서 떠난다면 보다 순조롭게, 시행착오 없는 유학이 가능할 것입니다.

Question 069

지원서 프로그램과 컨설팅은 어떻게 다른가요?

Answer 069

이전의 설명에서도 확인이 가능하겠지만 12학년 학생들이 해외대학에 지원을 하는 경우, 대부분 12학년 1학기에 원서 지원이 마감됩니다.

이런 경우는 컨설팅을 통해 목표 시험 점수를 관리하거나, GPA를 끌어 올리는 방법을 알려주는 것이 큰 의미가 없습니다. 있는 점수와 경력을 바탕으로, 현재 상황에서 최선의 대학 지원 전략을 모색해야 할 것입니다.

혹은 이미 본인의 스케줄에 맞춰 준비된 학생이라면, 작년 및 그 전 년도의 데이터를 근거로 보다 정확한 대학 지원 전략이 필요합니다. 통상적으로 이런 학생들에게 도움을 주는 과정을 '지원서 프로그램'

이라고 합니다.

컨설팅은 목표를 같이 논의하며, 그 목표에 도달하기 위해 어떻게 노력해야 하는지를 안내하고 관리하는 프로그램입니다.

대부분 9, 10, 11학년의 해외대학 지원 학생들에게

- ACT/SAT는 언제 볼 것인지, 이 대학을 목표로 하고 있으면 몇 점이 필요한지
- 현재 스코어 중에서 무엇을 더 높이는 것이 효율적인지
- 지원자의 약점이 무엇인지, 이런 경우 방향 전환을 어떻게 하는 것이 좋은지
- 비교과 활동 중에서 무엇을 추가할 것인지, 추천하는 프로그램을 하기 위해 무엇이 필요한지, 언제까지 지원을 해야 하는지
- 성적이 낮은 경우, 어떻게 올릴 수 있는지, 기타 시험 정보에서 학업 우수성을 증빙하기 좋은 시험은 무엇이고 어떤 식으로 공부해야 하는지

등을 준비하는 과정을 컨설팅이라고 칭합니다.

요리 대회로 비유하자면, 이미 만들어진 음식의 플레이팅을 돕는 것이 지원서 프로그램이고, 무슨 재료를 어디에서 준비해서 어떻게 요리하고 플레이팅을 하는지 지도하는 프로그램이 컨설팅이라고 말하면 좀 더 쉽게 이해할 수 있겠네요.

미국 대학 믿고 가는 방법,
미리 알고 가는 게 해법이다!

Part 5

입학 이후

Question 070

미국 대학 여러 군데에서 입학 허락을 연락받았는데, 가장 가고 싶었던 드림 스쿨이 되지 않고 그냥 지원해봤던 학교들에서만 연락이 왔어요. 어느 학교를 가야 할지 모르겠어요. 어디를 가면 좋을까요?

Answer 070

입학 결정(Decision) 시기가 되면 많은 부모님들이 이런 문의를 합니다.

"우리 애가 이러저러한 미국 학교들에 붙었는데, 어디를 보내야 하나요?"

"……"

객관적인 컨설턴트라면 이런 질문에는 답변하지 않습니다. 이것은 지원했을 때부터 본인의 지원 전략에 포함된 일부분이라야 합니다.

Dream School, Reach School, Safety 이렇게 분류하거나 아니면 좀 더 세분화해서 진행을 했을 것입니다. 그에 맞춰 지원 시기도 Early였는지 Regular였는지, 혹은 지원 전략도 ED였는지 EA였는지를 고민하면서 지원했을 겁니다.

전공을 정하고 진행한 학교도 있었을 거고, 어떤 학교는 전략적으로 U/D를 썼을 수도 있을 겁니다. Financial Aid를 넣은 학교도 있을 거고, Merit Based Scholarship을 노린 경우도 있을 거예요.

이러한 일련의 과정과 조건을 거친 이후에 나온 결과 값을 가지고, 본인의 인생을 결정지을 수도 있는 터닝 포인트를 다시 물어본다는 것은 모순되는 일입니다.

컨설턴트가 이 과정들에 같이 참여를 해서 학교 지원 전략을 구사했다면, 당연히 결과에 대한 적극적인 조언을 아끼지 말아야겠지요.

EA로 붙은 UIUC를 갈 지, 혹은 UCSD를 갈 것인지, Regular Decision으로 진행된 Emory를 갈 건지, 장학금 제공을 많이 해주겠다는 SUNY-Buffalo를 갈 건지 등등 컨설턴트가 같이 전략을 구상했으니 학생의 전공 적합성 및 현실적인 비용, 미래에 대한 투자가치 등을 같이 고려를 해서 학교 추천을 할 것입니다. 그러나 이러한 일련의 배경 없이 학교 이름만 가지고 "어떤 학교를 가는 게 좋은가요?"라고 묻는다면 제대로 된 결정을 기대하기 어려울 것입니다.

Question 071

합격했대요!
학교 사이트에서 확인해 보니 합격으로 나와요.
너무 기뻐요. 힘들었던 수험생활이 끝났습니다.
그런데 그 다음 할 일이 뭔지 모르겠네요?☺

Answer 071

합격 레터는 이제 또 다른 시작에 불과합니다.

잊지 마세요, 아직 할 것들이 많이 남아 있어요.

곧 학교에서 정식으로 합격 증서 패키지가 올 거예요. 합격 레터랑, 앞으로 무엇을 해야 하는지가 자세하게 나와 있을 거구요. 학교 사이트에서도 '해야 할 일 리스트(to do list)'가 보일 겁니다.

대부분의 학교들은 5월 1일까지 입학보증금(deposit)을 내야 합니다. 그리고 다음에는 학교 기숙사 신청두 하게 될 거예요.

학교에서 요구하는 시험들도 있어요. 대부분은 Assessment Test

로 영어, 수학을 요구하고 있습니다(이거 못 본다고 입학이 취소되지 않으니 걱정하지 마세요. 뭐, 물론 터무니없이 못 본다면 모르겠지만 이제까지 했던 실력으로 보면 됩니다).

오리엔테이션도 참가해야 하는데, 요즘은 온라인으로 오리엔테이션을 진행하는 학교들도 많아졌어요.

출국 전 준비사항(Pre Arrival Check List)이 나올 테니 그 부분도 하나씩 체크 바랍니다.

F1 Visa 신청하려면 학교로부터 I-20도 받아야 합니다. 미국 고교 유학생은 Transfer로 진행하면 되기 때문에 크게 번거롭지는 않아요.

예방접종기록확인서(Immunization Form) 작성도 해야 하고, 결핵검사(TB Test) 등등 아직 할 것들이 많아요.

하지만 가장 중요한 부분은, 마지막 학기까지 성적을 유지해줘야 한다는 부분입니다. 대부분의 학교들은 7월까지 최종 성적표를 원본으로 내달라고 요청을 합니다. 성적이 너무 떨어지거나, 성적표 제출을 이행하지 않으면 입학 취소가 될 수 있으니 이 점을 꼭 유의하기 바랍니다.

진행되고 있는 과목들, 특히 유의해서 학점을 유지하세요.

Question 072

미국 A대학에 합격을 했습니다.
근데 가고 싶었던 B대학에서는 아직 답변이 없어요.
A대학에서 예치금(Deposit)을 내라고 하는데,
어떻게 해야 하나요?

Answer 072

우선, 합격을 축하드립니다.

많은 학생들이 '합격한 학교를 가야 하나? 대기 명단(wait list)에서 더 기다려봐야 하나?'라는 갈등을 겪게 됩니다.

간단하게 설명을 하면, 예치금(deposit)은 '내가 합격한 학교에 자리를 맡아주세요'라고 학교에서 요구하는 비용을 내면서 내 결심을 보여주는 행동입니다. 학교에서도 이 학생이 올지, 안 올지 확실해야 하므로 일정 금액을 받고 자리를 확인하는 것입니다.

그렇기 때문에 정해진 날짜까지

1. 입학 서류를 내고 비용을 내지 않는다면 deposit을 내라고 안내를 받습니다.
2. 정해진 날짜에 서류 및 비용을 내지 않으면, 그 자리는 다른 학생에게 넘어간다고 notice를 받게 됩니다.
3. 돈을 내고 입학 서류를 내지 않으면 학교의 데이터에서 안 잡힐 수가 있으므로, 내야 하는 서명이 올라가 있는지에 대한 확인은 다해야 합니다.

그러나 먼저 합격 통보가 온 A학교에 deposit 했다가, 본인이 원하던 B학교에서 나중에 연락이 오는 경우가 있죠. 이런 경우 먼저 deposit한 A학교의 deposit 금액은 99.9% 환불이 되지 않습니다(non-refundable). 아깝지만 B학교의 입학 통보를 기뻐하면서 B학교 입학 허가서로 비자 진행을 하고, 기존의 A학교에는 가지 않겠다고 밝혀주는 게 좋습니다.

금액이 너무 부담스럽지 않다면 deposit을 걸어놓고 기다리는 게 어떨까요?

기다리는 학교에서 확답이 빨리 오면 좋지만, 학생들 중에서는 다른 학교의 비자까지 받아놓은 이후인 7월에 원하던 학교에서 결과가 나온 경우도 있고, 혹은 다른 학교의 학기가 시작된 이후에 기다리던 학교에서 불합격(denial)이 되는 경우도 있어서 안전한 쪽을 선택하라고 말씀드립니다.

 Question 073

저는 미국의 유명한 대학 중 하나인
JHU라는 곳에서 합격 레터를 받았습니다.
그런데 학비나 나중 인맥을 생각해서
국내 대학으로 들어오는 것을 고민하고 있습니다.
문제는 이 학교가 Early Decision을 하고 있어서,
다른 대학에 가는 게 가능한지 걱정이 됩니다.
지원할 수 있을까요?

 Answer 073

반가운 소식을 전해 드려야 하겠네요.

Early Decision의 경우는 미국 내의 학교들 사이에서 통용되는 규정들입니다. 본인이 ED 전형으로 지원하여 결과가 Binding이 되는 것은 미국 내의 학교들에 한해서 적용됩니다. 즉, 다른 나라의 대학을 지원하는 것은 전혀 문제가 되지 않습니다.

많은 학생들이 국내 수시를 준비하면서 미국 명문대학의 입학 허

가서를 제출했던 적이 있어서 이 부분은 문제가 되지 않는다고 알려드립니다.

미국 대학의 조기 전형인 Early Decision, 그리고 Early Action에 관련된 전형들(SCEA, REA 등)은 빠르면 10월 15일, 늦으면 11월 1일까지 마감합니다.

그리고 결과는 12월 초-중순 정도에 받습니다.

그러고 나서 홍콩이나 일본, 싱가포르 등의 학교들이 1-3월 사이에 지원 마감을 합니다(빠른 학교는 11월에 지원을 마감하는 경우도 있으니, 지원 학교의 마감일을 확인해주세요).

그러나 국내 대학의 수시는 본인의 졸업 해당 연도(Rising 12학년이 아닙니다)의 9월에 진행을 하게 됩니다.

예를 들어, 본인이 고교 졸업을 2020년 6월에 한다면 미국 대학의 조기전형은 2019년 11월에 마감합니다. 또 홍콩이나 싱가포르, 일본 대학 등의 경우 2019년 말-2020년 3월 전에 완료합니다. 그리고 졸업을 한 이후, 2020년 9월에 국내 대학 수시를 준비하게 된답니다.

12학년 11월	12학년 12월	12학년 1-3월	12학년 3-5월	12학년 6월	졸업 이후 9월	졸업 이후 12월	익년 2월
미국 대학 조기 전형 마감 (일부 홍콩, 싱가포르 대학 마감)	미국 조기 전형 결과 발표	미국 대학 정규 전형 및 일본, 홍콩, 싱가포르 대학 마감	미국 정규 전형 결과 발표	미국 고등학교 졸업	국내 수시 원서 마감	국내 수시 전형 결과 발표	일본 대학 2차 전형 마감

이렇게 보면 좀 더 간단하게 이해가 되겠죠?

미국, 아시아권, 한국 등 다양한 목표 대학을 염두에 둔다면, 시기별로 다양한 입시 전략 구사가 필요합니다.

지원 자격과 기간 등을 충분히 고려해서 전략을 세우기 바랍니다.

컨설턴트의 협력이 필요하다면 미국 대학만 전문으로 하는 곳보다, 미국 및 아시아권 대학을 같이 컨설팅하는 곳을 찾아보라고 권합니다.

F1 비자를 받아야 한다고 하는데 절차가 궁금해요

F1 비자는 비이민비자로 미국에서 Full Time으로 학업을 수행하기 위해 필수적으로 필요한 과정입니다.

2017년 현재, 미국 F1 비자의 신청 순서는 다음과 같습니다(어려워 보이지만, 하나씩 천천히 해보면 진행할 수 있습니다).

1. 해당 사이트를 통해 인터뷰 신청서를 구매하거나, 혹은 은행 송금을 통해 인터뷰 신청서를 구매합니다.

citi 미국비자 신청수수료 납부 신청서

주의사항 : 비자신청인

금 액: **192000 KRW** 유효기간: **11/19/2017** 비자유형 : **F**

- 이 신청서는 반드시 위에 기재된 유효기간 경과 전에 은행에 제시되어야 합니다.
- 이 수수료 납부 신청서를 프린트해서 한국 씨티은행 영업점에 수수료 납부시 같이 제출.
- 수수료 금액은 비자의 유형에 따라 다르므로 위에 기재된 액수가 정확한지 확인하시기 바랍니다.
- 수수료를 납부하신 후, 인터넷 홈페이지(http://www.ustraveldocs.com)를 방문하여 인터뷰 날짜를 예약하시기 바랍니다.
- 미국대사관의 방침에 따라 미국비자 신청수수료는 원화로 납부하셔야 하며, 납부하신 금액은 환불되지 않습니다.
- 미국비자 신청수수료 납부 영수증은 타인에게 양도할 수 없으며, 본인 이외의 타인이 이용할수 없습니다.

주의사항: 은행

- 위에 기재된 유효기간을 확인하시기 바라며, 유효기간이 경과한 경우에는 수납할 수 없습니다.
- 유효기간이 경과한 경우에는 비자신청인에게 인터넷 홈페이지(http://www.ustraveldocs.com) 에서 새로유효한 신청서를 발급받도록 안내하시기 바랍니다.

혹은 아래의 내용을 통해 온라인 이체도 가능합니다.

현재 위치:홈 / 비자수수료 이체(Electronic Funds Transfer)

비자신청 수수료 US$160 이체

US$160 비자신청 수수료를 신청자의 거래은행으로부터 인터넷 뱅킹을 통해 이체(electronic funds transfer)하실 수 있으며 신청하려는 비자종류가 아래에 해당되는지 확인하시기 바랍니다:

- 상용/관광(B visa)
- 경유(C visa)
- 승무원(C-1/D visa)
- 선박/항공 승무원(D visa)
- 학생 (F 또는 M visa)
- 언론인 및 언론 (I visa)
- 교환 방문자(J visa)
- 인신매매 피해자 (T visa)
- NAFTA 전문직 종사자 (TN/TD visa)
- 범죄 피해자 (U visa)

아래 입금계좌번호가 기재된 이 페이지를 프린트 하며 보관하시고 한개의 입금계좌번호에 신청자 한명의 비자 수수료만 이체하셔야 합니다. 아래 금액은 홈 페이지에 명시된 대사관 환율의 유효기간 내에만 유효합니다. 비자수수료를 이체하시기 전에 홈 페이지에 명시된 대사관 환율의 유효기간을 반드시 확인하시기 바랍니다.

비자신청 수수료는 원화로 지불해야 합니다. 미 국무부 환율에 따른 수수료는 비자 신청 수수료납부 신청서와 온라인 이체 페이지에 명시되어 있으며, 신청하시려는 비자와 다른 종류의 수수료를 지불한 경우 비자신청 수수료를 다시 지불하시거나 비자 신청이 지연 될 수 있습니다.

- 은행 분류 코드: 060(Bank of America N.A. Seoul Branch)
- 입금계좌번호:

    14009122108283

- 수령인: "BANA SEL re Stanley US visaCol SFA"
    신청자 은행의 인터넷 뱅킹 시스템을 통해 지불을 시행하기전 수령인 이름을 찾을때 처음 8자리에서 10자리 글자 "BANA SEL" 만 보일 수 있습니다.
- 금액: ₩192,000

월요일부터 금요일까지 오전 8시에서 오후 10시 사이에 전자자금이체(온라인 이체)를 통하여 비자신청 수수료를 지불하시면, 납부 후 2시간 이내에 면접예약을 하실 수 있습니다. 주말이나 공휴일에 전자자금이체로 납부하신다면 다음 영업일 오전 9시부터 면접예약을 하실 수 있습니다.

인터뷰예약을 하기 위해서는 비자수수료 이체시 사용한 입금계좌번호가 필요합니다. 비자신청수수료 입금시 사용한 입금계좌번호는 신청자께서 잘 보관 하셔야 합니다. 입금계좌번호를 기억하지 못할 경우 인터뷰 예약을 하실 수 없고 다시 수수료를 지불하셔야 합니다

2 이제는 DS 160을 작성해야 합니다. DS 160은 미국 대사관에서 인터뷰 전에 물어보고 싶은 내용을 정리한 파일로, 해당 내용을 솔직하게 작성해서 대사관 사이트에 업로드 합니다.

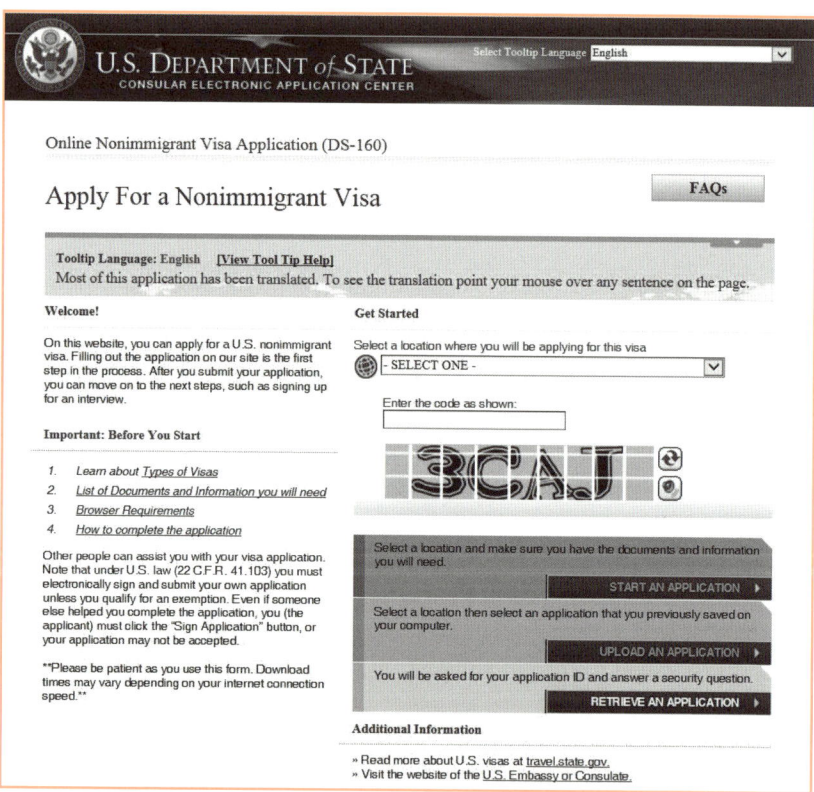

여기를 통해서 작성이 가능합니다.

3 미국 인터뷰 예약 사이트에 로그인을 해서 계정 정보를 확인해야 합니다.

새로운 사용자의 경우는 등록을 통해 본인의 계정 정보를 확인해야 합니다.

그리고 인터뷰 예약을 하면서 본인이 희망하는 날짜가 대사관에서도 허용하는지 확인해야 합니다.

학교에서 받은 I-20 및 일련의 정보를 토대로 과정을 마쳤으면 예약 확인 페이지(Confirmation Page)를 출력해서 가지고 갑니다.

인터뷰 예약서도 필수적으로 지참하고, 미국 대사관에서 요구하는 SEVIS FEE $200 결제 역시 필수적으로 준비해야 한답니다.

기타 본인의 인터뷰를 할 때 개별적으로 추가해서 준비해야 하는 별도 서류들이 있으므로, 빠짐없이 잘 준비되었는지 체크하기 바랍니다.

Question 075

아는 선배가 유학 시절에 아파트를 빌려서
생활했다고 해서 알아 보니 정보가 별로 없습니다.
어디서 머물러야 할지 모르겠습니다.
외국 학생도 기숙사 신청이 가능한가요?
그리고 기숙사 생활은 무조건 해야 하는 건가요?

Answer 075

걱정하지 마세요. 학교에서 하라는 대로 하면 적어도 갈 곳이 없어 길거리에서 자는 일들은 피할 수 있답니다. ☺

우선 1학년들은 되도록이면 '기숙사 신청!'이라는 학교들이 있습니다.

이런 경우라면 기숙사 신청에 관련된 정보들이 본인의 포털사이트나 이메일로 연락이 지속적으로 올 거예요. 외국 유학생이라고 하더라도 예외를 두지 않는-혹은 그래서 더 기숙사 생활을 권장하는- 경우도 있으니, 우선 우리 학교는 기숙사를 써야 하는 학교인지 먼저 확인을 해보세요(대부분 학교 사이트에서 student life/student service라는 곳에서 확인이 가능합니다).

만약, 본인의 학교가 이러한 규정이 없고 "저는 기숙사 생활이 너무 싫어요"라고 한다면 홈스테이를 안내해주는 착한 학교들도 있습니다. 혹은 룸메이트를 찾고 있는 본교의 학생들을 같이 매칭할 수 있는 리소스를 주는 곳들도 있고요.

아파트를 빌리는 경우는 본인이 이미 중·고등학교 생활을 통해 영어가 익숙하고 미국 생활에 익숙한 친구들에게는 옵션이 될 수 있겠지만, 미국이 처음이고 미국 문화나 시스템을 잘 모르는 학생들에게는 추천하기 어렵습니다. 처음에 학교 적응하랴, 집 찾으랴, 집에 필요한 비품을 구입하거나 가구를 찾는 등의 문제들이 생각보다 크게 부담으로 다가올 수 있기 때문입니다.

미국에도 우리나라 '직방' 혹은 '다방' 같은 사이트가 있어서 아파트를 찾아 보는 것은 어렵지 않아요.

Craigslist를 통해 집을 보는 경우도 있는데, 집에 대한 정보들은 쉽게 찾아볼 수 있지만 직접 보지 않고 진행을 하는 상황이라면 Craigslist도 사용하기 힘들 것 같습니다(미국 현지에서 직접 보고 계약할 수 있는 학생이라면 좋은 정보처가 되겠지요).

그리고 이건 여담인데, 아파트 룸메이트 때문에 고생을 했던 친구들과 저희 학생들…… 많습니다. 그리고 제가 바로 고생한 당사자랍니다. 성격이 안 맞는 룸메이트와 지내는 것은 정말 힘들었답니다. 나중에는 냉장고의 음식물까지도 하나씩 표시해서 넣었을 정도니까요. 신경이 서로 예민해지는 부분이 유학 생활을 고달프게 만듭니다. 안 그래도 다른 것들도 힘든 상황이었는데……, 나중에는 좋은 룸메이트들을 만나서 괜찮아졌지만 무수한 시행착오들이 있었습니다. 그랬기에 아파트를 구하려는 학생들은 룸메이트를 보고 나서, 집을 결정하기를 강력하게 권해 드립니다.

Question 076

미국 대학 오리엔테이션 날짜는
8월 중순이라고 합니다.
근데 학교 수업은 8월 말에나 시작하는데
언제 가야 할까요?
8월 중순 비행기가 너무 비싸서요.
수업 전에만 도착하면 되지 않나요?

Answer 076

학교에서 Welcome/Admission package 잘 받았나요?

그리고 아마 여러 차례 메일을 통해서 본인의 합격 관련 이후 후속 작업들에 대한 안내를 받았을 겁니다. 거기에서 오리엔테이션이 필수라고 지속적으로 강조를 해두었을 거라고 생각합니다(학생들이 간혹 합격을 한 이후에는 학교에서 온 메일 내용들을 숙지하지 않는 경우들이 있습니다. 꼭, 꼼꼼하게 읽어야 합니다).

많은 미국 학교들의 경우, 오리엔테이션을 필수로 정하고 있습니다. 오리엔테이션 때 참가하지 않는다면 다음 학기에 입학을 하라고 하는 학교들도 있을 정도로, 오리엔테이션을 입학의 출발점으로 봅니다.

혹시라도 본인이 비자 준비가 늦어져서 도저히 오리엔테이션에 참가할 수 없다면 당장 학교에 증빙 서류를 제출해서 '이러한 상황으로 오리엔테이션을 참가할 수 없으니 대체 방법을 알려 달라'거나, 아니면 학교 측의 결정대로 다음 학기 신청을 하는 등의 후속 작업이 필요합니다.

단순히 비행기 비용으로 인해 오리엔테이션을 듣지 않겠다고 하는 것은 학교에서 납득하기 힘듭니다. 그리고 학교 오리엔테이션은 수강 신청 방법 안내, 학교의 시설물(facility) 안내, 어드바이저(advisor)와 미팅 등이 이루어지고, 특히 외국 유학생들에게는 비자에 관련된 정보들을 제공해주는 유익한 기회입니다.

수강 신청을 했다가 너무 힘들 것 같아서 학점 중도 포기를 과하게 해버려서 학점이 부족한 것도 모르고 한 학기를 다닌 후, 학교에서 이민법 관련 규정을 어겼다는 통보를 받고 당황해 하는 학생을 본 적이 있답니다.

이런 일들을 미연에 방지하기 위해 보다 유용하고, 필수적으로 알아야 하는 정보들을 설명해주는 시간이기 때문에 참석해야 합니다. 그래서 앞으로 본인이 지내야 하는 학교에 대한 구체적인 내용들을 받는 게 좋습니다.

 중요한 사항이기 때문에 학교에서 오기 전에도 동영상을 통해 도착 전 사전 오리엔테이션(pre arrival orientation)을 해주기도 하고, 미리 숙지할 수 있는 정보들을 주기도 합니다. 하지만 비자 관계나 피치 못할 상황이 아니라면 오리엔테이션은 필수적으로 참여하기 바랍니다 (아! 미국 입국이 가능한 가장 빠른 시기는 입학일로부터 30일 이전입니다. 그 전에는 학생 비자 신분으로는 들어갈 수 없습니다).

Question 077

쌤, 저 드디어! 졸업하고 한국 들어왔는데요.
이제 미국 대학 갈 일만 남은 것 같아요.
저 다시 나가기 전에 뭐 하면 좋을까요?

Answer 077

그 동안 학교생활 착실히 해줘서 고마워요. 아마 우리 ○○는 가서 잘해줄 거라 믿고 있어요. 학교에서 하라는 것도 다하고, 비자는 Transferred 되어서 별도로 할 필요 없고, 입학에 관련된 필요 서류들도 다 제출을 한 상황이라 말 그대로 짐 싸고 다시 가는 것만 남았네요. 어차피 짐 싸는 거는 엄마나 ○○도 이미 전문가가 되었을 것 같아서 별도로 얘기 안 할게요. ☺

자, Enjoy your summer~! 이런 여름이 다시 오기는 힘들 거예요. 보고 싶었던 가족들과두 충분히 시간 보내고, 많이 그립던 한국 친구들도 만나고, 못 봤던 영화나 TV도 보고, 여행도 많이 다녀오고, 체력도 키우고, 그러면서 즐거운 시간들로 채워나가면 좋겠어요.

근데 그 동안 보면 우리 ○○, 에세이 하면서 고생을 좀 많이 했죠? 대학에 가서도 본인의 paper를 내거나 research를 할 때 대부분 writing으로 표현이 되어야 하는 것 아시죠? Writing만 좀 더 잡고 가면, 이후 대학 생활이 좀 더 수월해지지 않을까요?

그리고 고등학교 때는 제가 EdX를 억지로(?) 듣게 했는데, 이제 시간이 있으니 본인 전공에 해당하는 Article이나 Journal에 대한 지식을 미리 익히고 가는 것도 도움이 될 거예요.

또한, 컴퓨터 활용 능력은 몇 번을 말해도 지나치지 않을 것 같아요. 코딩을 할 수 있는 '컴퓨터 언어!'까지는 아니더라도, 최소한 MS Office라도 원활히 다룰 수 있도록 익혀서 간다면 학교생활이 보다 편해질 거예요.

이런 것들은 이미 다 준비되어 있다구요?

그렇다면 한국 대학에서 제공되는 하계대학을 수강하는 것도 시간을 알차게 보내는 방법 중 하나입니다.

해외의 친구들과 교류하면서 "대학에서는 이런 것들을 배우는 거야" + "학점 인정"이 가능한 프로그램이니, 미리 준비하는 마음으로 참가해보는 것도 좋겠네요.

다시 한 번 고생 많이 했고, 좋은 결과를 같이 만들어내서 너무 고마웠어요.

　시간을 효율적으로 쓰려고 노력하는 것도 참 예쁜 모습이네요. 더 궁금한 것들이 있으면 언제든지 문의해주세요.

미국 대학에서 Immunization이라는 걸 받아오라고 했다는데, 정확히 뭘 말하는 건가요?

네, 예방접종 확인서를 의미합니다.

우리나라 아이들은 어렸을 때부터 접종을 다하고 컸기 때문에 모자수첩 혹은 다니던 병원에 가면 의료 기록들을 확인할 수 있습니다. 전염성 병원균에 대한 내성이 있는지, 혹은 이 학생이 이러한 예방접종을 하지 않아 단체생활에서 병원성 질병을 퍼트릴 가능성이 있는지에 대한 확인을 하고자, 미국 대학에서는 대부분 예방접종 확인서 제출을 요구합니다.

대부분 학교에서 필요한 내용으로 양식을 주고 있습니다.

Academic Health Center — Student Immunization Record

Last Name, First Name, MI	Birth Date Month / Day / Year	Student ID#
Street Address		College or School (If Resident, use "GME")
City, State, ZIP		Degree Program or Residency/Fellowship

This form must be completed and submitted with the proper signatures to Boynton Health Service. It will become part of your official medical record.

It is the student's responsibility to achieve compliance with AHC Immunization requirements.

Keep a copy of this form and any other documentation for your records. You may submit multiple copies of this form, each documenting different requirements. Please allow two business days for your immunization information to be updated and for hold to be removed. *You may download a personalized version of this form by logging into*

Required Immunization	Dates Immunizations Received *OR*			Antibody Titre Results	Provider Signature and Date Must be MD, DO, RNC, PA, NP, RN, LPN or CMA *(May NOT be the student or parent)*
Hepatitis B (Hep B) Report 3 doses or titre results	Dose 1 Date	Dose 2 Date	Dose 3 Date	+ / −	/ / MM DD YYYY
Varicella (Chicken Pox) Report 2 doses RU titre results	Dose 1 Date	Dose 2 Date		+ / −	/ / MM DD YYYY
Measles (Rubeola) Report 2 doses after age 12 months or titre results	Dose 1 Date	Dose 2 Date		+ / −	/ / MM DD YYYY
Mumps Report 2 doses after age 12 months or titre results	Dose 1 Date	Dose 2 Date		+ / −	/ / MM DD YYYY
Rubella (German Measles) Report 2 doses after age 12 months or titre results	Dose 1 Date	Dose 2 Date		+ / −	/ / MM DD YYYY
Tetanus/Diphtheria Pertussis (Tdap) Must be July 2005 or later	Dose Date Tdap				/ / MM DD YYYY

Required TST (Tuberculin Skin Test) (2-step Mantoux)	Date	Induration	Date	Induration	Provider Signature and Date
Report any TWO TST Tests applied more than one week apart and within one month (required once).	Step 1 Date	mm	Step 2 Date	mm	/ / MM DD YYYY
Report most current TST test *only if* more recent than 2-step test (required if last TST test is more than 1 year old)	TST Date	mm			/ / MM DD YYYY

For any POSITIVE TST test, provider must document steps taken (chest x-ray etc.):

Sign and Date

Medical Exemptions. Provider must document medical conditions that preclude that administration of a required vaccine or test.

Explanation of exemption:

Sign and Date

한국 아이들은 예방접종이 의무적이기 때문에 그 기록을 찾는 것은 어렵지 않겠지만, 우리나라에서는 필수가 아니고 미국에서 필수인 접종이 있습니다. 이런 경우-뇌수막염 같은-는 별도 접종을 하셔야 합니다.

병원에서 바로 맞을 수 있는 것들도 있고, 시간을 두고 결과를 본 이후에 접종해야 하는 것도 있으므로 미리 확인하기 바랍니다.

또한, 대부분의 학교에서는 예방접종 양식을 위와 같이 배부하고 있지만, 만약 없다고 하면 유학생 의료 검진을 전문적으로 하는 병원에서 확인을 받기 바랍니다(위 샘플은 기본적인 예시이며, 학교마다 요구하는 예방접종에 대해 차이가 있을 수는 있습니다).

학교 사이트에 확인하면 예방접종 양식이 있을 거고, 만약 못 찾으면 학교에 연락해서 양식을 확인받기 바랍니다.

Question 079

아이가 미국으로 대학을 보내달라고 하는데, 엄마 마음에 미국은 총기 소지가 자유로워서 위험할 것 같습니다. 어떤가요?

Answer 079

2015년, 〈비즈니스 인사이더(BUSINESS INSIDER)〉에서 발표한 내용을 보신다면, 다음(256p)과 같은 표가 확인이 되는데요. 짙은 색의 주일수록 총기 소지 비율이 높은 주입니다. 유학생들이 주로 가는 대학들이 많은 캘리포니아, 워싱턴, 그리고 뉴욕이나 동부 지역들은 총기 소지 비율이 그다지 높지 않습니다.

그리고 대부분의 유학생들이 우범지역을 일부러 찾아가는 일이 거의 없기 때문에, 생각하시는 것처럼 미국 유학이 위험하지 않습니다(밤길을 걸을 때 얼마나 안전함을 느끼는지에 대한 보고서에서 1위인 노르웨이가 88점, 미국이 상위권으로 75점. 한국이 중간급으로 69점 정도입니다).

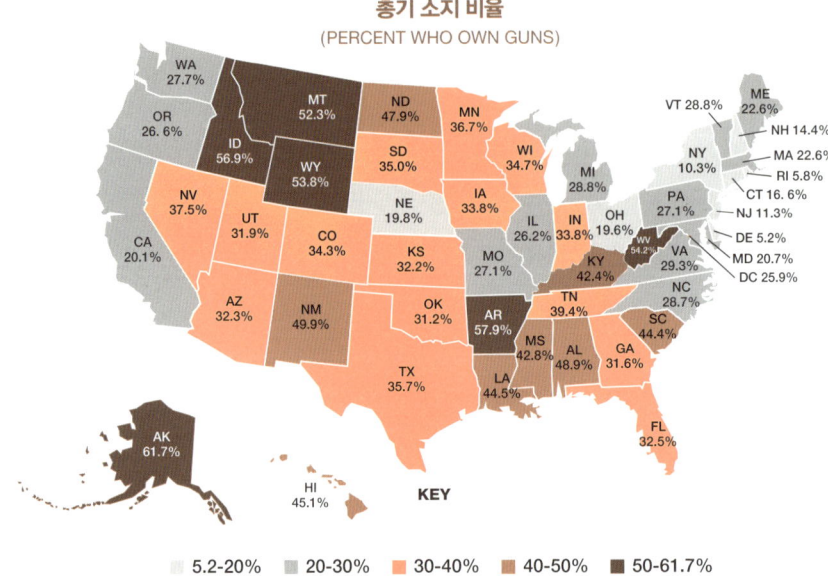

출처 _ Kalesan, Keyes,et. al., 2015년 6월, 〈비즈니스 인사이더(BUSINESS INSIDER)〉

WA: 워싱턴 주, OR: 오리건 주, CA: 캘리포니아 주, AK: 알래스카 주, ID: 아이다호 주, NV: 네바다 주, UT: 유타 주, AZ: 애리조나 주, HI: 하와이, MT: 몬태나 주, WY: 와이오밍 주, CO: 콜로라도 주, NM: 뉴멕시코 주, ND: 노스다코타 주, SD: 사우스다코타 주, NE: 네브래스카 주, KS: 캔자스 주, OK: 오클라호마 주, TX: 텍사스 주, MN: 미네소타 주, IA: 아이오와 주, MO: 미주리 주, AR: 아칸소 주, LA: 루이지애나 주, WI: 위스콘신 주, IL: 일리노이 주, MI: 미시건 주, IN: 인디애나 주, KY: 켄터키 주, TN: 테네시 주, MS: 미시시피 주, OH: 오하이오 주, KY: 켄터키 주, AL: 앨라배마 주, NY: 뉴욕 주, PA: 펜실베이니아 주, WV: 웨스트버지니아 주, GA: 조지아 주, FL: 플로리다 주, VA: 버지니아 주, NC: 노스캐롤라이나 주, SC: 사우스캐롤라이나 주, VT: 버몬트 주, ME: 메인 주, NH: 뉴햄프셔 주, MA: 매사추세츠 주, CT: 코네티컷 주, RI: 로드아일랜드 주, NJ: 뉴저지 주, DE: 델라웨어 주, MD: 메릴랜드 주, DC: 워싱턴 D. C.

'미국에 보낼 때는 강력범죄보다는 자잘한 범죄들에 대해 걱정을 하는 것이 더 필요합니다. 내 소지품은 늘 내 신경이 미치는 곳에, 차

안에는 물건을 놓고 내리지 말자(동전 포함), 모르는 사람이 과도하게 베푸는 친절은 의심해 보자 등등 낯선 곳에서 지켜야 하는 기본적인 안전수칙을 지킨다면 큰 위험 없이 유학생활을 잘 마무리하고 돌아오리라 생각합니다.

**저는 고등학교 때부터 신앙봉사를 다니고 있습니다.
이번에 미국 대학을 들어갔는데,
여름방학이 길어서 해외 선교를 가고자 합니다.
문제 없을까요?**

　미국의 여름방학은 대부분 10-11주 혹은 그 이상도 있습니다. 뭔가 의미 있는 일을 하기에 적절한 시간이죠. 미국 학생들은 그 시간에 학비를 충당하기 위해 일을 하는 학생들이 많지만, 유학생은 현지에서 일을 하는 것이 불법입니다. 그러므로 대신, 여름 계절학기 과정을 듣고 학점을 이수하거나, 아니면 본인의 미래를 위해 시간과 노력을 투자하는 것도 좋은 경험이 될 듯합니다. 봉사활동도 그 일환이 될 수 있을 것 같습니다.

　단, 미국 국경을 넘어야 하면 학교에서 허가를 받아야 합니다.

그래서 I-20에 사인을 받아서 나갔다가, 입국할 때 그 내용을 보여줘야 합니다. 특히 트럼프 정부 들어서 미국 방문 금지 국가에 대한 입국 심사가 상당히 예민합니다. 되도록이면 방문 금지 국가 출입을 자제하라고 말씀 드립니다.

2011년 3월 이후 아래의 국가들을 여행하고 오는 경우, ESTA 발급에 대해서 세세한 검토를 하고 있습니다. 물론, 본인은 F1 Visa가 있는 상황이라 크게 문제가 발생하지는 않겠지만, 되도록이면 방문을 자제하기 바랍니다.

> **미국 대사관 안내 기준 여행 자제 국가**
> 이란, 이라크, 리비아, 소말리아, 수단, 시리아 혹은 예멘
> (Iran, Iraq, Libya, Somalia, Sudan, Syria, or Yemen)

미국도 우리나라처럼 군대 휴학이 가능한가요?

대부분의 한국 유학생들은 군대 문제로 휴학을 해야 하는 상황이 발생합니다. 이런 경우는 학교에 문의를 하는 것이 가장 정확합니다.

대부분 장기결석 및 휴학에 대한 허가를 어드바이저와 확인을 하면 재입학이나 복학에 대한 이후 절차를 안내받게 됩니다.

미국 대학에서도 한국 남학생들의 군대 문제에 대해 잘 알고 있는 추세라서, 서류 절차를 잘 마치고 군 복무를 다녀오면 i-20 재발급이 까다롭지 않습니다.

군 복무 때문에 휴학을 하고 돌아오는 학생이라면 특별히 인터뷰 없이 서류 심사만으로 간단하게 F1 Visa를 취득할 수 있습니다.

단, 이 경우에는 인터뷰가 없기 때문에 영사가 확인을 하는 부분은 다음과 같습니다.

- **제대로 학업을 유지하고 있는가**(성적의 우수성)
- **프로그램을 제대로 진행하고 있는가**(대부분은 어학연수 – 준학사 – 학사 – 석사 이런 식으로 올라갑니다. 학사를 하다가 준학사로 내려가는 경우, 이 부분과 관련된 내용을 설명하는 것이 좋습니다. 어학연수로만 3년을 지내고 있는 경우에는 비자를 새로 발급받는 데 있어서 문제가 발생할 수 있습니다.)
- **미국 체류 기간 동안 범죄 사실이 없는가**
- **남은 기간 동안 학업을 유지할 수 있을 정도의 재정적 지원을 받을 수 있는가**

이런 내용을 바탕으로 인터뷰가 면제된 학생의 비자는 연장이 가능합니다.

서류 심사 중에 미심쩍은 부분이 있거나, 영사가 확인하고 싶은 게 생기면 인터뷰 요청이 올 수 있습니다.

뉴저지에 온 유학생입니다.
지금 다니는 영어 학원에서는 안 된다고 하는데,
인터넷에서 F1 Visa면 SSN 신청하고
일할 수 있다는 걸 봤습니다.
어떻게 하는 건가요?

 현재 어학연수로 미국에 들어간 것 같군요. 원칙적으로 F1 Visa로는 일을 하는 것이 금지되어 있습니다. F1 Visa는 비이민비자인데, 일을 한다거나 영주를 하거나 하는 것은 이민비자의 영역이기 때문입니다.
 다만, 정규 과정(Associate Degree 이상)으로 있는 학생들의 경우는 캠퍼스 내에서 주당 20시간의 파트타임으로 일하는 것이 허용됩니다. 하지만 어학연수 학생이라면 불가능합니다. 영어 학원에서 안 된

다고 얘기하는 것이 맞습니다.

Social Security Number(SSN, 사회보장제도 번호) 신청도 예전에는 유학생이라도 학교에서 일을 해야 한다고 하면 번호를 발급해주곤 했습니다만, 이제는 유학생이 학교 내에서 일을 하는 경우엔 SSN을 요구하지 않아서 별도로 SSN을 신청할 핑계조차 사라지고 있습니다.

그래도 간략하게 SSN 신청에 대해서 알아본다면, 필요 서류로는 여권 및 SSN 신청서, 그리고 I-94 Form입니다. 신청서 작성을 해서 지역의 사회보장국 사무실로 가면 됩니다.

이렇게 1주일 정도 기다리면 본인의 SSN을 받게 됩니다(남들에게 공개되거나, 본인이 외우지 못하면 상당히 불편한 일들이 생깁니다).

정리를 해서 얘기를 한다면, 일반적인 어학연수생들은 일을 하기 위해 SSN 신청이 불가능합니다(현실적으로 어학연수생은 교내 주당 20시간의 파트타임 업무가 불가능하기에 SSN 발급이 요원합니다. 정규 학생들 중에서도 교내 파트타임을 하는 경우, SSN 제출을 면제하는 학교들이 늘어나고 있습니다).

SSN 신청이 가능한 대상자들이나, 비자 신분이 허용되는 분이면 되도록 미국에 도착해서 일찍 처리하길 추천 드립니다.

미국에서의 휴대폰 사용이 궁금해요.

많은 학생들은 본인이 사용하던 기계를 일시 정지시키고, USIM을 구매해서 현지에서 개통을 하고 있습니다. 구분을 한다고 하면, 기간이 짧은 학생들에게는 Pre-paid를 안내하겠습니다. 선불 충전을 해놓고 사용을 하는 형식인데, SSN도 없고 체류 기간이 짧은 학생들은 예치금(Deposit)에 대한 요구를 받지 않고 편하게 사용할 수 있습니다.

다만, LTE에 대한 지원을 해주지 않는 점은 좀 불편할 수 있지만, 요금제에 대한 압박이 훨씬 덜한 방식입니다.

오랜 기간을 체류해야 하는 학생들에게는 약정폰을 추천하겠습니다. 한국에서 사용하던 방식처럼 한 달에 일정액을 내고 쓰는 방식입니다. 미국에 신용 기록(credit history)이 있으면 상관없지만, 많은 유학생들이 신용 기록이 없다 보니 가입할 때 $200-400 정도의 예치금을 요구받고 있습니다.

어떠한 형태의 약정을 선택할지는 본인에게 맞는 약정 형태를 고르면 됩니다.

많은 학생들이 Verizon, AT&T, T-mobile 등의 통신회사 중에서 선택하고 있습니다. 한국에서 SKT인지 KT인지, LG U+인지 이중에서 선택하고 약정 내용을 골랐던 것처럼, 나에게 가장 잘 맞는-혹은 집이나 학교 근처에서 가장 잘 터지는-통신사 및 요금제를 선택해서 진행하면 됩니다.

어렵지 않아요~!

Question 084

가족 중에서 제가 처음으로 유학을 갑니다. 돈 문제를 어떻게 처리하는지 모르겠어요. 시티은행이 미국 은행이니 계좌를 만들면 편하게 사용할 수 있겠죠?

Answer 084

미국에 갈 때 돈을 어떻게 해야 하는지는 사실 좀 걱정되는 부분 중 하나입니다. 저도 처음 나갈 때 어머니께서 돈을 다 $100짜리로 준비해 주셔서, 도착하자마자 콜라 사 마시러 갔다가 가게에서 잔돈이 없다고 못 샀던 기억이 나네요(그래서 저는 학생들에게 늘 작은 단위의 현금을 일정 정도 가지고 나가라고 안내합니다).

시티은행은 각 지점간의 수수료를 별도로 부과하지 않는 장점이 있습니다.

단, 단점으로는 현지에서 지점을 찾기 힘들다는 점과, ATM에서 찾을 때마다 수수료가 $1.00씩 들어간다는 점이죠.

대부분 학생들은 현지 은행계좌를 열어서 은행 수수료를 내더라도 현지에서 편하게 사용하고 있습니다. 하지만 혹시 부모님의 해외 송금이 처음이라 걱정되는 부분들이 크다면 이렇게 해보세요. 시티은행(한국)에서 시티은행(미국)으로 송금한 이후, 본인의 미국시티은행계좌에서 돈을 꺼낸 다음 본인의 또 다른 미국은행 계좌에 입금해 놓고 사용하면 해결이 가능할 거예요.

시티에서의 은행 송금 수수료가 없다는 장점, 그리고 현지 은행의 사용으로 인해 ATM 인출 때 수수료가 적게 든다는 장점이 결합된 플랜입니다.

송금 수수료를 절약하고, 입출금 수수료를 절약하는 방법은 될 수 있겠네요. 단, 본인이 상당히 부지런해야 합니다만……

은행에 환전하러 갔다가 유학생 지정계좌라는 얘기를 들었어요. 이게 뭐예요? 안 하면 문제가 생긴다고 하던데, 무슨 문제가 생기는 거예요?

현재 한국에서는 연간 외화 송출 금액을 $50,000로 제한하고 있습니다. 그러나 학비 자체가 $50,000이 넘어가는 요즘 명문사립학교들에서는 학비도 못 내는 금액이 될 수도 있지요. 그렇게 되면 이후 부모님이 송금해야 하는 기숙사 비용이나 생활비 등의 돈은 그 출처와 송금처에 대해 국세청에서 조사에 들어가게 됩니다.

그렇기 때문에 은행에서는 유학생 지정계좌를 통해 '여기 계좌에서 나가는 비용은 유학생이 현지에서 생활하면서 받는 금액이니 좀 더 제한 조건을 풀어주세요'라는 내용입니다.

유학생 지정계좌는 부모님이 주로 사용하는 은행의 계좌(굳이 시티나 외환은행일 필요는 없습니다)에서 외환으로 나가는 돈은 '이러한 유학생에게 송금하는 내용입니다'라고 약속을 하게 됩니다.

그렇게 되면 연간 10만 불까지는 송금을 하더라도 국세청에서 특별하게 조사를 하지 않습니다.

유학생 지정계좌를 위해서는 은행에 입학허가서 및 비자 사본, 입학허가서 사본을 제출하여, 그 계좌를 유학생 지정계좌로 지정해달라고 요청하면 됩니다. 이후에도 그 계좌를 통해 유학생에게 연간 10만 불 이내의 비용 송금을 하면 됩니다.

학교 다니다가 아프면 어떡하죠?

언젠가 유명 연예인 A씨가 미국에서 갑작스러운 병으로 인해 미국 병원에 입원하고, 45만 불(약 5억) 정도의 비용을 청구받았다는 얘기를 전해들은 적이 있습니다.

저희 학생 중 한 명도 이유 없는 고열에 시달려 1박 2일 동안 응급실(Emergency Room)에 들어갔다 와서, 800만 원을 청구받은 적이 있습니다. 그냥 링거만 맞고 나왔는데 그렇게 비용이 청구되었습니다.

아마 보험이 있었다고 하더라도 이 의료 민영화로 인해 미국의 병원비가 상상을 초월하는 금액이라는 얘기는 충분히 들으셨을 거예요.

어학연수를 하는 학생이라고 한다면 반드시 사보험을 들고 가야 미국 병원비 걱정을 덜 수 있습니다.

한국 사보험의 경우는 본인이 지급하고, 이후 청구하는 식으로 진행됩니다(요즘은 어학연수생이라고 하더라도 학교 보험 구매가 가능하기도 합니다. 예를 들면, 워싱턴 대학교(University of Washington)나 뉴욕 대학교(New York University) 등의 대학 부설기관을 통하는 어학연수생들에겐 학교 보험을 구입할 수 있는 기회를 주고 있습니다).

정규학교에 다니는 학생이라면 학교 가기 전, 미국에 도착한 이후의 며칠만이라도 사보험을 들어놓고 있다가 이후에는 무조건 학교 보험을 구입하기 바랍니다. 사보험보다는 학교 보험이 보험 대상 및 보험 지급 금액이가 더 넓은 경우가 많습니다. 그리고 학교에서 요구하는 커버 금액을 진행할 수 있는 사보험이 상당히 한정적이다 보니, 정규과정의 학생들은 학교 보험이 비싸더라도 학교 보험을 추천 드립니다.

운전면허는 필수인가요?

대중교통이 발달한 대도시가 아닌 곳에서 장기유학을 한다면 운전면허가 큰 도움이 됩니다. 사실, 대부분의 학부학생들은 대중교통이 가능한 곳에서 생활하게 됩니다. 하지만 이후 저녁 수업이 생긴다거나, 친구들끼리 여행을 간다거나 하는 경우 차가 필수적으로 필요합니다.

국제운전면허를 받아서 가는 학생들이 간혹 있는데, 국제운전면허는 주(state)마다 사용 허가가 달라서 1년이 유효한 국제운전면허라고 하더라도 우리 주에서는 3개월만 사용할 수 있다는 식으로 주마다 국제운전면허를 받아주는 기준이 다릅니다(특히 캘리포니아가 운전면허에 대해서 까다로운 편인데요. 국제운전면허만 제시하면 무면허 운전으로 취급하는 경우도 있으니, 되도록이면 캘리포니아를 가는 학생들의 경우는 현지 면허를 취득하기 바랍니다).

신분증 대용으로도 사용이 가능하니, 운전면허는 여러 모로 있는 것이 낫습니다.

미국 갈 때 준비물이 뭐가 있어요?

체크	준비물	내용
	여권(복수여권)	분실 대비 원본과 별도로 사본 보관 권장.
	I-20 입학허가서	
	항공권	왕복표인지 확인하고 분실을 대비하여 쿠폰까지 따로 복사해 둔다.
	유학생 의료보험	학교 보험이 요구되거나 아닌 경우 Private Insurance 구입으로 있을 수 있는 사고에 대해 대비를 한다.
	현금	너무 많이 소지하지 말 것(처음 환전할 때 $500-1,000 정도만 준비하고, 이후 송금 받을 수 있도록 준비).
	현금지불카드 (선택)	미국에서 한국의 부모님으로부터 용돈을 받을 수 있는 현금지불카드를 발급하여 간다. 이는 해당 은행에 문의하여 한국에서 부모님이 한화로 입금하고, 그에 해당하는 금액을 학생이 미국에서 달러로 인출할 수 있도록 하는 카드를 말한다.

신용카드(선택)		비상시 사용하도록 본인 명의의 카드 혹은 가족카드를 발급받는다.
국제전화카드 (선택)		미국이나 한국에서 상호 사용할 수 있는 선불 또는 후불식 국제전화카드를 만들어 간다. 후불의 경우 선불보다 비싸기는 하지만, 부모님이 쉽게 한국에서 결제할 수 있으므로 편리하게 이용할 수 있다.
사진		여권 분실 및 학교에 제출할 때 사용할 여권 사진(5장 이상).
의류		현지 기후를 미리 알아보고 옷을 준비하되, 한번에 다 가져 가려 하지 말고 필수적인 옷만 준비한다. 속옷과 양말 등의 면류는 한국의 것이 싸고 품질이 더 좋으므로 충분히 준비한다.
재봉 용구		바늘, 실, 손톱깎이, 면봉. 단, 기내용 가방에는 소지할 수 없고 부치는 짐에 넣어야 한다.
비처방 의약품		소화제, 위장약, 감기약, 외상약, 반창고, 비타민, 기타 상비약 (개인별 복용해야 하는 의약품이 있을 경우, 반드시 처방전을 함께 가지고 나간다).
어학교재		필요시 준비.
손목시계, 자명종		여행하는 동안에는 벨이 울리지 않게 조정.
카메라, MP3		소형으로 가벼운 것, 분실해도 괜찮을 값싼 제품으로 준비.
사전		가볍고 얇은 것으로 한영/영한 등을 준비한다. 전자사전도 좋다.
	* 요즘은 다 휴대폰으로 가능하니 휴대폰만 준비하면 됩니다. 휴대폰의 경우, USim chip을 구매한 이후, 현지 개통을 추천 드립니다.	
전기면도기/ 헤어드라이어		110볼트(220V와 110V 겸용으로 준비).
한국 상징물		그림엽서, 사진, 태극기, 저렴한 선물(열쇠고리, 휴대폰 줄 등) 등.

화장품		개인 화장품, 로션.
안경, 콘택트렌즈		여유분까지 준비.
호스트가족 선물		한국의 문화나 전통을 표현해줄 수 있는 작고 저렴하며, 실용적인 물품을 준비(책갈피, 열쇠고리, 사진엽서 등).
이불, 베개 등		기숙사 생활을 하는 학생은 별도 준비물을 학교에서 안내받게 됩니다. 생필품 준비를 해야 하는 경우가 있으니, 학교에서 what to bring을 확인하기 바라며 대부분은 현지 구입이 가능합니다.

 Question 089

한국에서 대학을 간 친구들이 새터 얘기를 많이 했어요. 선배들이랑 같이 어울릴 수 있는 기회라고, 꼭 가야 한다고 하는데 미국 대학에도 그런 것들이 있나요?

 Answer 089

미국 대학의 오리엔테이션은 선후배들 간의 관계 유지보다는 실용적인 정보의 제공을 목적으로 하고 있습니다.

특히나 유학생의 오리엔테이션 시간이라고 한다면, F1 Visa의 유지 및 규정, 학생의 Assessment Test(Level Test)를 통한 시간표 구성, 어드바이저와의 미팅, 학교 건물의 안내, 학비 납입에 대한 안내, 포털 사이트 접속에 대한 안내, 학교 이메일 사용 등 학교생활에 대해 필요한 정보들을 알차게 구성하고 있습니다.

그래서 미국 대학의 경우는 오리엔테이션이 필수 조건입니다. 어떤 학교들은 유학생이 오리엔테이션을 참가하지 못한다면, 학기 시작을 연기하라고 할 정도로 그 중요성을 크게 보고 있습니다.

　선후배 사이의 술자리나 새터 같은 시간이 공식적으로 있지 않아 아쉬운 학생들에게 희소식을 전한다면, 요즘 미국 대학교의 한인학생회에서 후배들을 위해 여름방학 기간에 한국에서 모임을 갖고 학교에 대해 미리 설명해주기도 합니다.

　한국 학생 인맥이 좋은 학교들의 경우, 이러한 문화가 활성화되어 있습니다. 선후배들 간의 관계를 맺고 싶다면 이런 기회를 활용해보는 것도 좋을 듯합니다.

인종 차별이 걱정됩니다.

쓸데없는 걱정을 만들고 싶지는 않지만, 현실을 제대로 직시하는 것도 필요한 부분이기는 합니다. 솔직히, 저는 아시아 여학생으로 많은 호의를 누리며 생활해왔기 때문에 직접적으로 겪었던 차별은 거의 없었습니다.

그러나 차별이 존재하지 않는 것은 아니며, 장밋빛 꿈같은 얘기만 늘어놓을 수도 없어서 간단하게 말씀을 드립니다.

어느 날, 백인 친구들과 함께 상당히 괜찮은 수준의 레스토랑을 간 일이 있었습니다. 주문을 받는 웨이트리스가 친구들의 주문은 굉장히 친절하게 받고, 식사 도중에도 몇 번씩 확인을 하는데 저는 그 자리에서 유령이 된 것 같은 기분이었어요. 친구들이 나중에 제가 기분이 좋지 않은 것을 알게 되었지요. 그래서 매니저를 불러 얘기해서, 저희는

팁을 주지 않고 사과를 받았습니다. 하지만 그 웨이트리스의 눈빛은 아직도 기억이 납니다.

아는 동생 하나는 그냥 밖에 나갔다가 지나가던 차에서 던지는 달걀 세례를 받은 적도 있었어요. 'Chink'라고 부르면서 니네 고향으로 돌아가라는 말을 듣고, 정말 집에 가버리고 싶었다고 하더라구요. 너무 놀라서 눈물도 나지 않았다고.

분명히 차별이라는 것은 존재합니다. 모든 사람들이 다들 착해서 좋은 마음으로만 대하는 것도 아니고, 모든 사람들이 '인종 차별이 감정의 쓸데없는 소모'라는 것을 교육받은 것도 아니기 때문입니다.

그러나 아마 유학생 주변의 친구들, 즉 대학에서 만나는 미국 친구들은 교육을 받은 친구들이므로 대학 생활에서 인종 차별을 경험하는 일은 많지 않을 겁니다. 오히려 한국 학생들이 가지고 있는 뿌리 깊은 인종 차별적인 언행에 대해 주의를 할 필요가 있습니다.

단일민족으로 오래 살아왔기 때문에, 우리나라 학생들의 인종 차별적인 성향이 오히려 더 강합니다. 아무도 이런 부분을 말하지 않고 있을 뿐이죠. 미국 대학 생활 중에 중국이나 일본 학생들을 비하해서 부르거나(다 알아듣고 있습니다), 가난한 나라에서 온 다른 유학생들을 무시한다거나(그 친구들, 그 나라에서 상류층 집안의 자식일 확률이 큽니다), 다른 문화권에 대한 이질감을 심하게 표출하는 등의 행위는 금물입니다.

그밖에 미국 대학 생활에서 주의할 점을 알려주세요.

학생들이랑 얘기하다 보면 대충 보입니다.

이 친구가 미국 가서 잘할지, 아니면 고생 좀 하겠다 싶은지…….

우선 뭔가 잘 모르더라도 "네, 네" 이러고 넘어가는 친구들이 있습니다. 예를 들어, "I-94를 챙겨야 해"라고 말을 하면 "네"하고 넘어갑니다. "그게 뭐예요?"라고 물어보지 않습니다. 뭔지 아냐고 물어보면 그제야 "아니오"라고 대답합니다.

엄마, 아빠, 누나, 오빠 다 없습니다.

이제 다 본인이 혼자서 스스로 챙겨야 합니다.

내가 알아서 챙기는 만큼 내가 얻을 수 있는 것들이 늘어납니다.

스스로 하려는 의지가 가장 중요한 요소라고 생각합니다.

내가 스스로 공부를 하려는 의지, 내가 스스로 나 자신의 안전을 챙기려는 의지, 본인의 생활을 통제하려는 의지 등 스스로 일어설 수 있는 힘이 가장 중요한 부분일 거예요.

'누군가가 해주겠지'라는 안일한 마음으로는 긴 유학 생활 동안 얻을 수 있는 것들이 매우 한정적입니다.

이런 부분들을 잘 챙겨서 좋은 결과, 이루길 바랍니다.

미국 대학 믿고 가는 방법,
미리 알고 가는 게 해법이다!

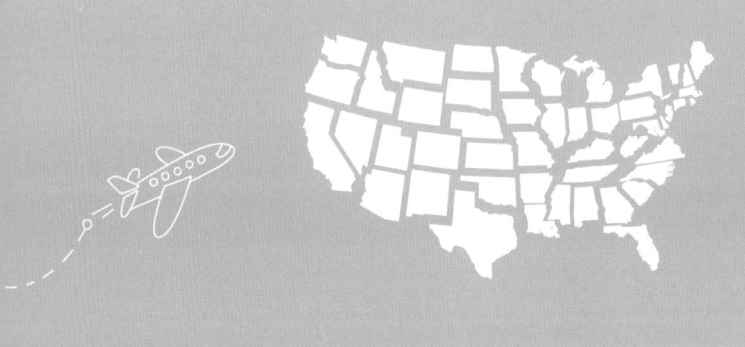

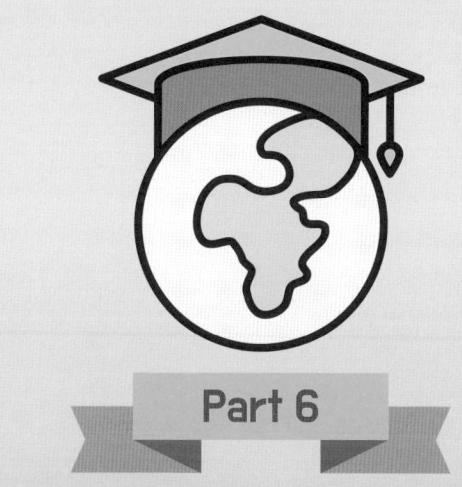

Part 6

패스웨이(Pathway) 및 조건부 입학

11학년에 유학 가서 아직 준비가 미흡한데, 미국 대학을 갈 수 있는 방법이 있나요?

용기 있는 결단을 했네요. 긴 인생을 봤을 때 사실 17, 18세의 결심이라는 것은 크게 늦지는 않습니다. 지금 결정을 한 용기로 부딪힌다면, 아마 앞으로의 도전에도 좋은 결과들이 있지 않을까 싶습니다.

현실적으로 미국 대학을 가려면 ACT 혹은 SAT를 요구받는 경우가 많죠. 또한, 우리는 외국 학생이기 때문에 높은 토플의 장벽을 마주해야 합니다. 게다가 11학년 성적은 대학 입시에 있어서 가장 비중이 크기도 합니다.

그렇다면 11학년에 적응하면서 GPA도 잡고, 토플도 준비해야 하고, SAT나 ACT 등 공인 시험도 준비해야 한다는 결론이 나오네요. 게다가 대학교 에세이도 준비해야 하는데, 이 모든 것들이 12학년 1학기 전에 끝나야 합니다.

대부분의 유학생들이 10학년부터 입시 준비를 하는 걸 생각하면 출발이 늦은 만큼 부담이 큽니다. 이럴 경우 1년 정도는 준비를 해줄 수 있는 대학교를 찾아보는 것도 방법일 거예요.

예를 들어, 내가 성적은 나쁘지 않았지만 영어는 아직 좀 부족하다든지, 대학에서 원하는 전공을 하기 위해서 미리 들어야 하는 고교 과목들을 다 채우지 못했다면, 1년 정도 예비 과정을 거친 다음 정규 학년으로 입학하는 패스웨이(Pathway) 프로그램이 있습니다.

패스웨이 프로그램은 1년 동안 영어와 학과를 이수하고 난 다음, 그 크레딧으로 2학년에 진학하도록 합니다. 영어도 더 익히고, 준비 과정에서 공부했던 크레딧도 인정받는 일석이조의 프로그램인 거죠.

단, 모든 학교에서 진행하는 과정이 아니며 입학 조건을 별도로 두는 경우가 많습니다. 가려는 학교에 패스웨이 프로그램이 있는지, 그 조건에 본인이 부합하는지 확인하고 결정해야 할 겁니다.

제법 알려진 좋은 학교들에서도 고교 성적이 우수하지만, 아직 준비가 미흡한 유학생 유치를 위해 패스웨이 프로그램을 제공하고 있답니다.

그리고 다른 한 가지, 영어 점수가 낮아도, 성적이 뛰어나지 않아도 갈 수 있는 커뮤니티 칼리지(Community College) 진학도 좋은 방법입니다. 심지어 어떤 CC는 토플조차 요구하지 않는 경우도 있으니까요.

다만, 이런 경우는 지원한 후에 학교에서 어학연수를 별도로 받아야 할 수 있습니다. 게다가 CC의 경우는 학비가 저렴하고, GPA 받기도 비교적 수월한 편이라서 4년제 대학으로의 편입을 생각하는 학생들에게도 나쁜 선택이 아니죠.

'나에게 맞는 프로그램들은 무엇이 있나'라는 고민을 충분히 해보고 결정하기 바랍니다.

조건부 입학과 패스웨이(pathway)가 다른 점이 뭐예요?

조건부 입학이라는 것은 말 그대로 학교에서 입학에 대해서 일정 조건을 걸게 되는 겁니다.

예를 들어, 학과 성적은 우수한데 영어 실력이 미흡한 경우에는 우리 학교에서, 혹은 학교에서 인증하는 어학기관에서 몇 레벨 이상의 영어를 통과하면 최종 입학을 허락하는 겁니다.

이렇게 어학에 대한 조건부로 입학한다면, 어학을 다 이수한 후 1학년으로 들어가게 됩니다.

많은 학교에서 진행하는 ESL(English as a Second Language) 프로그램은 non credit 과정으로 분류됩니다. 이 때문에 학교에서 요구하는 레벨의 영어 수준에 맞추기 위해 1학기를, 혹은 1년을 공부했다고 하더라도 학점으로 인정받기는 힘들어요.

　패스웨이(Pathway) 역시 조건부 입학의 한 형태입니다. 그러나 패스웨이는 이미 짜여 있는 프로그램(영어 및 다른 학점들)을 이수한 이후, 학점 인정을 받고 2학년으로 갈 수 있도록 만들어 놓은 제도입니다.

　그래서 아직 영어나 기본적인 학습이 조금 부족하더라도 패스웨이를 통해 입학을 하고, 1년 동안 영어랑 다른 학과목 공부를 한 다음에 2학년으로 진학을 할 수 있답니다.

　따라서 어학 조건부의 학교들은 굉장히 많지만, 패스웨이 프로그램은 어학 조건부처럼 많지는 않습니다. 본인의 현재 성적, 앞으로의 전공 적합성, 영어 실력 등을 충분히 고려해서 어학 조건부 또는 패스웨이 학교 지원을 하기 바랍니다. 어떤 선택이 좋을지 확신이 서지 않으면 유학 전문가의 상담을 받아 보기 바랍니다.

　부연 정리하자면, 모든 게 갖춰져 있고 영어가 부족한 경우라면 어학 조건부 입학을 허용하는 대학들을 찾아보는 게 좋습니다. 어학 조건부 입학의 경우, 한 학기 혹은 그 이상을 공부하더라도 곧장 2학년으로 진학하는 것은 허용되지 않습니다. 그러나 학교 선택 폭이 넓은 것이 장점입니다. 본인에게 잘 맞는 학교를 찾기가 더 수월합니다.

　패스웨이의 경우는 기초적인 학습이 약간 부족하거나, 아니면 고교 유학을 늦게 가서 본인의 실력을 입증하기 힘들었던 학생들에게 권합니다. 아직 영어도 미비하지만, 이미 고등학교 때 학년을 다운그레이드 하는 바람에 더 이상 늦춰서 진학할 수 없는 학생들의 경우에도 적합합니다.

Question 094

수능 결과가 만족스럽지 못해
미국 대학을 가려고 하는데,
제 토플 점수가 미국 대학에서 요구하는 것만큼은
안 됩니다. 그렇다고 토플 없이도 갈 수 있는
2년제 칼리지로 가고 싶지는 않습니다.
좋은 방법이 있나요?

Answer 094

앞에서도 언급을 했지만, 조건부 입학이라는 제도가 있습니다. 학과목 성적이 우수하고 비교과 활동 역시 준비가 잘되어 있지만, 영어 준비가 조금 미흡한 학생들이 활용할 수 있는 제도입니다. 모든 조건부 입학 학교들이 패스웨이(Pathway) 과정을 제공하는 것은 아니라는 점도 앞에서 확인했을 거예요. 여기에서는 조건부 학교들에 대해서 집중적으로 조명을 해보겠습니다.

학교마다 조건부 입학을 허용해주는 상황이 다릅니다.

예를 들어, GPA(내신), 추천서, 대학수학능력시험결과(혹은 SAT/ACT-외국에서 고등학교를 졸업한 경우에는 SAT/ACT를 면제받기도 합니다), 비교과 활동 및 에세이 등을 통해 입학 가능한 학생으로 평가되지만 토플 점수가 입학 조건에 못 미치는 경우, 학교에서는 미래를 기대할 수 있는 학생이라 생각하여 "그래, 영어는 우리가 도와줄게, 우리는 이런 시스템이 있어"라고 조건부 입학을 제안하게 됩니다.

이런 학교들 중에서 우리에게 친숙하면서 명문으로 꼽히는 보스턴 대학교(Boston University), 뉴욕 대학교(New York University), 미시건 주립대학교(Michigan State University), 시라큐스 대학교(Syracuse University), 콜로라도 주립대학교(Colorado State University), 오리건 주립대학교(Oregon State University), 캘리포니아 주립대학교(California State University), 캔자스 대학교(University of Kansas), 일리노이 대학교-시카고 캠퍼스(University of Illinois-Chicago) 등등, 사실 너무 많아서 나열하기도 힘들 것 같아요.

상위권 대학들에서도 이런 식으로 유학생들에게 공평한 입학 조건을 제시합니다. 본인이 2년제 칼리지를 원하지 않고 고등학교 때 내신이 우수한 편이라면, 명문대학 중에서 조건부 입학을 허용하는 대학의 문을 과감히 두드려보기 바랍니다. 충분히 가능성이 있습니다.

패스웨이를 진행하는 학교들은 어디에요?

영어와 학과목에 관련된 공부를 하고, 학점 인정을 통해 다음 학년으로의 진학을 보다 빠른 시간 안에 체계적으로 준비할 수 있는 패스웨이(Pathway) 과정을 제공하는 학교는 아래와 같습니다.

매사추세츠 주립대학교 – 보스턴, 로웰, 다트머스
(University of Massachusetts-Boston, Lowell, Dartmouth)
뉴햄프셔 대학교
(University of New Hampshire)
아이다호 대학교
(University of Idaho)

퍼시픽 루터란 대학교
(Pacific Lutheran University)

뉴욕 주립대학교-프레도니아 캠퍼스
(State University of New York-Fredonia)

노스이스턴 대학교
(Northeastern University)

드폴 대학교
(De Paul University)

버몬트 대학교
(University of Vermont)

워싱턴 주립대학교
(Washington State University)

콜로라도 주립대학교
(Colorado State University)

사우스플로리다 대학교
(University of South Florida)

드류 대학교
(Drew University)

오리건 주립대학교
(Oregon State University)

앨라배마 대학교 버밍햄
(University of Alabama-Birmingham)

세인트루이스 대학교
(St. Louis University)

플로리다 애틀랜틱 대학교
(Florida Atlantic University)

기타 등등

굉장히 많은 학교들이 진행하고 있습니다.

모든 학생들이 다 어렸을 때부터 해외에서 유학할 기회를 가질 수는 없습니다. 그러다 보니 늦게 준비해야 하는 학생, 학업에 대한 가능성은 크지만 아직 준비가 미흡한 학생, 영어가 부족한 학생들을 위해 많은 대학에서 이러한 패스웨이 과정을 오픈한 것입니다.

각각의 학교에서 제공되는 전공이나 입학 조건들은 차이가 있습니다. 본인의 성적 및 전공 적합성, 미래 전망과 영어 실력 등을 종합해서 고려한 후, 진행이 가능한 학교들을 골라 보기 바랍니다.

 **Question 096**

9학년부터 미국 유학을 했는데,
대학교 입시 결과가 실망스러웠습니다.
GPA가 Unweighted 3.83, SAT 1480이고,
SAT Subject 3과목 다 800이었는데
전략을 잘못 잡은 것 같았습니다.
국내 유학원에서 상담을 했더니
패스웨이(pathway)를 추천하면서
노스이스턴 대학을 갈 수 있다고 합니다.
과연 가능할까요?

 **Answer 096**

네, 노스이스턴 대학교(Northeastern University)의 글로벌 패스웨이(Global Pathway) 과정은 지원 시기도 늦고, 기준점이 달라서 입학은 아마 큰 문제가 없을 것 같습니다.

NEU가 점차 글로벌 패스웨이의 문턱을 올리고 있기는 합니다. 예

전에는 2.5 GPA 기준이었으나, 현재는 필터링을 점점 더 강하게 하고 있는 추세입니다. 하지만 가능하다고 하더라도, 질문자의 경우라면 NEU의 패스웨이 과정을 추천하기는 힘들 것 같습니다.

  패스웨이 과정은 궁극적으로 아직 준비가 미흡한 학생들이 (학업이나, 언어나 혹은 둘 다) 학교의 울타리 안에서 대학을 가기 위한 준비 과정입니다.

  대부분의 패스웨이 과정에서는 ACT/SAT를 요구하지 않으며, 영어 점수 자체도 토플 80 이하입니다(NEU의 경우는 글로벌 패스웨이 토플 점수가 61점이어도 입학이 허가됩니다).

  본인이 입학 시기가 늦었지만 노스이스턴(Northeastern) 대학을 꼭 가야겠다면 어쩔 수 없이 이 프로그램을 언급하겠지만, 본인은 NEU의 글로벌 패스웨이를 가기에는 너무 스펙이 높지 않나, 라는 생각이 드네요.

  SAT 1, 2를 통해 이미 미국 대학 시험 준비를 했고, 충분히 GPA가 있는 상황이라면 굳이 비싼 학비를 내고 준비 과정을 들을 필요가 없을 듯합니다. 학교의 이름이 중요하다면 어쩔 수 없습니다. 하지만 제 생각으로는, 질문자가 다음 학기를 준비해서 진행하거나 데드라인이 늦은 다른 나라의 명문대학늘을 살펴보는 것도 좋은 대안이 될 듯합니다(일본이나 홍콩, 싱가포르는 미국 학교에 비해 데드라인이 늦은 학교가 많으니까요).

입시 전략을 총체적으로 다시 점검해 보라고 권합니다.

잊지 마세요. 패스웨이는 아직 준비가 덜 되어 있는 학생들에게 기회를 주는 프로그램이지, 다 준비되어 있는 학생이 갈 프로그램은 아닙니다.

영국의 foundation과 pathway 차이점을 알고 싶어요.

요즘은 영국에서도 foundation pathway라고 얘기를 많이 합니다. 학교에 따라서 인문, 사회학은 Foundation으로, 과학, 공학은 Pathway로 명칭을 붙이기도 합니다. Pathway 자체가 '진로'라는 의미를 가지고 있기 때문에 과히 틀린 얘기는 아닙니다만, 통상적으로 이해하기 쉽게 설명한다면 다음과 같습니다.

초등-고교 졸업까지 영국은 1-13학년제로 되어 있는 반면, 한국은 초6-중3-고3 이렇게 총 12년의 교육을 받습니다. 이 때문에 고등학교 졸업만으로는 영국 대학에 바로 진학하기 어렵습니다. 물론, 몇몇 전공의 경우에는 다양한 입학 조건을 걸기도 합니다. 저희 학생의 경우에도 express entry를 통해 한국 고등학교 졸업 이후, 바로 영국 대학을 간 경우가 있기는 합니다. 하지만 일반적인 예를 들어 보겠습니다.

한국에서 고등학교를 마친 학생이 영국 대학을 가기 위해서는 13학년에 해당하는 Foundation Year를 의무적으로 거쳐야 합니다.

그 이름이 Foundation이건 Foundation Pathway이건 혹은 그냥 pathway이건 간에 1년의 학업을 해야만 영국 대학에 지원할 수 있습니다. 아니면 한국 대학교에서 1년 동안 수업한 기록을 제출하면 대학 지원 자격을 얻을 수도 있습니다.

그러나 미국의 pathway 과정은 의무가 아닙니다.

내가 준비가 덜 되어 있어서 선택적으로 대학에서 준비해주는 과정을 듣는 것일 뿐입니다.

	U. K. Foundation	U. S. Pathway
공통점	대학 진학 준비 과정	대학 진학 준비 과정
차이점	고3 졸업 이후 의무적	고3 졸업 이후 선택적

이렇게 간략하게 이해하면 좋을 것 같네요.

저는 어학연수를 가려고 합니다.
어학연수를 하다가 일정 이상의 레벨에 올라가면
대학 입학을 할 수 있다고 합니다.
근데 이게 조건부 입학 아닌가요?

닭이 먼저냐, 달걀이 먼저냐 같지만 엄연히 차이가 있습니다.

일반적으로 조건부 입학이라고 한다면 학교에 입학 서류를 넣고 난 다음, 학교에서 '이 학생은 입학을 시켜도 괜찮을 것 같은데 영어가 부족하니 우리 학교, 혹은 우리가 인정해줄 수 있는 기관에서 어학연수를 하고 우리가 요구하는 레벨을 마치면 최종 입학을 허락해줄게. 자, 여기 그런 내용이 포함된 입학허가서를 줄게'라고 진행이 됩니다.

그러나 어학연수를 간다고 하는 것은 이런 입학허가서를 아직 받지 못한 것입니다. 아마 우선 어학연수를 가서 현지에서 일정 레벨 이상이 되면 '이제부터 이런저런 학교들을 갈 수 있으니 도전을 해보도록 하자'라는 식으로 진행됩니다.

전자의 경우는 레벨을 마치면 그 학교로 진학하는 것이 확정이 된 상황이고, 후자의 경우는 레벨을 마치면 그때부터 지원하는 학교를 알아보는 것입니다.

다 합격하냐구요?

아니오, 꼭 그렇지는 않습니다.

물론, 성적을 크게 보지 않는 칼리지(college) 진학을 목표로 두고 있으면 다르지만, 대학에서 조건부 입학을 제공하는 경우는 성적이나 에세이, 그 밖의 다른 요소들을 평가한 이후, 영어만 부족하다고 생각하고 입학허가를 해주는 것입니다. 그러므로 어학연수 이후 어떤 학교를 지원할지에 따라 결과는 달라질 수 있습니다.

대부분의 유학전문가라면 입학허가서를 가지고 들어가는 경우를 추천할 것입니다. 하지만 어학연수부터 마친 이후에 미국이 나에게 맞는지, 안 맞는지를 판단하고 결정하는 것 역시 또 다른 도전 방식이라고 생각합니다.

Question 099

강남이라 아이가 내신을 잘 받지는 못했습니다.
고생한 아이가 안쓰럽기만 합니다.
5등급 정도인데 우연히 패스웨이(pathway)
프로그램에 대해서 알게 되었습니다.
저희 아이도 갈 수 있을까요?

Answer 099

네, 한국 입시가 나날이 힘들어지는 것 같습니다. 부모님 마음을 충분히 이해합니다. 패스웨이 프로그램은 외국 학생들이 정규 과정에 직접입학(direct entry)을 할 수 있도록 준비를 해주는 과정입니다. 한국 고교의 상대평가 내신으로 불리했던 학생들에게도 기회를 주고 있습니다.

내신에 신경 쓰느라 미처 준비하지 못했던 영어 공부나, 이후 본인이 희망하는 전공을 위해 미국 대학에서 필요한 교과목들, 그리고 기초 학문을 익히며 학점 이수를 할 수 있는 프로그램입니다. 학업을 할 수 있는 가능성이 보이는 학생들에게는 기회가 열려 있습니다.

하위권 대학이 아니라 괜찮은 대학, 혹은 그 대학과 연계된 기관에서 준비하면서 일정 학점 이상을 유지한다면 정규 과정 입학을 보장하는 프로그램! 충분히 매력적이지 않나요?

단, 학교에서는 내신 및 에세이, 추천서, 자체의 영어 시험이나 영어 기준을 통해 학생을 선별하는 입학 과정을 거치기 때문에 누구나 다 갈 수 있는 것은 아닙니다. 5등급 정도라고 한다면 pre-screening을 통해 입학 여부를 미리 가늠해보는 것도 가능하니, 성적표를 준비해서 유학 전문가와 상담해 보기 바랍니다.

미국에서 학교를 다녔는데, GPA가 많이 낮습니다. 2.5가 안 됩니다. 조건부 대학들은 성적이 낮아도 갈 수 있다고 들었는데, 추천해줄 수 있나요?

미국 대학들이 조건부 입학을 허용해주는 것은 외국 학생들에게 경제적인 이익을 기대하는 부분도 있지만, 엄연한 교육기관이기에 정해진 학업 기준이 있기 때문입니다.

대부분의 4년제 조건부 대학의 경우, 최소한 2.5 이상의 학점을 받아야 진행이 가능합니다(간혹 몇몇의 대학 Pathway에서는 2.0/4.0도 인정을 해주고 있습니다). 만약 그 이하라면 커뮤니티 칼리지(community college)로의 진학을 권합니다.

예를 들어, 보스턴 대학교(Boston University)의 CELOP을 통한 조

건부 입학이나, NYU의 ALI를 통한 조건부 입학은 우수한 외국 학생이 언어장벽으로 본인의 꿈을 포기하지 않도록 공평하게 배려해주는 프로그램입니다.

조금 아래 급의 학교들도 일반적으로는 3.0 이상의 내신을 요구하며, 가장 최소의 GPA를 허용하는 학교라도 2.5까지의 학점은 요구합니다. 이 정도의 학습 능력은 있어야 언어를 통과한 후에 정규 학습이 가능할 거라고 생각하기 때문이죠.

고등학교의 내신이 좋다면 언어뿐만 아니라, 다른 학습적인 준비도 많이 안 되어 있는 상황일 수 있다고 판단합니다. 이런 경우, 본인이 도전할 수 있는 학교 레벨 - 예를 들어 성적을 2.0/4.0 정도로 요구하거나, 혹은 아예 고등학교 내신에 대해 크게 신경을 쓰지 않는 커뮤니티 칼리지(Community College) - 에서 시작해서 열심히 준비한 다음, 더 좋은 대학으로 편입을 생각해보는 것도 한 방법입니다.

조건부 입학을 받아주는 커뮤니티 칼리지로는 대표적으로 캘리포니아 주의 산타모니카 칼리지(Santa Monica College), 엘카미노 칼리지(El Camino College), 디아블로 밸리 칼리지(Diablo Valley College), 어바인 밸리 칼리지(Irvine Valley College), 새들백 칼리지(Saddleback College)들이 있고, 워싱턴 주의 시애틀 센트럴 커뮤니티 칼리지(Seattle Central Community College), 그린리버 칼리지(Green River College), 스카짓 밸리 칼리지(Skagit Valley College), 벨뷰 칼리지(Bellevue College) 등이 잘 알려져 있습니다. 그밖에 주마다 많은 커뮤니티 칼리지들이 있습니다(간혹 최소 GPA를 요구하는 커뮤니티 칼리지들이 있으니 이 부분은 유의 바랍니다).

지금 못했다고 앞으로 내내 못하라는 법은 없죠.

그 동안 준비가 소홀했지만 더 멀리 뛰기 위한 한 걸음 후퇴였다고 생각하고 다양한 방법을 찾아보기 바랍니다. 미국 대학 유학! 찾아보면 여러분에게 알맞은 기회가 무궁무진합니다.

> 좁은 한반도 안에서 서로 부대끼며 경쟁하지 말고,
> 미국 대학으로 가는 것은 어떨까?

미국 유학 100문 100답

초 판 1쇄 인쇄 | 2017년 12월 5일
초 판 1쇄 발행 | 2017년 12월 12일

지은이 | 손재호, 김정아
펴낸이 | 조선우 • 펴낸곳 | 책읽는귀족

등록 | 2012년 2월 17일 제396-2012-000041호
주소 | 경기도 고양시 일산동구 장백로 19(백석동, 더루벤스카운티 901호)

전화 | 031-908-6907 • 팩스 | 031-908-6908
홈페이지 | www.noblewithbooks.com
E-mail | idea444@naver.com

출판 기획 | 조선우 • 책임 편집 | 조선우
표지 & 본문 디자인 | twoesdesign

값 15,000원
ISBN 978-89-97863-81-5 (13370)

이 도서의 국립중앙도서관 출판예정도서목록(CIP)은
서지정보유통지원시스템 홈페이지(http://seoji.nl.go.kr)와
국가자료공동목록시스템(http://www.nl.go.kr/kolisnet)에서
이용하실 수 있습니다.(CIP제어번호: CIP2017029970)